河南牧业经济学院科研创新团队项目"传统农区农业三产融合发展研究"（编号：2018KYTD11）
河南牧业经济学院博士科研启动资金项目（编号：2020HNUAHEDF046）
河南牧业经济学院重点学科区域经济学（编号：C3060027）
河南省社会科学规划决策咨询项目（编号：2021JC24）

吴珍彩 ◎ 著

新时期河南省农村三产融合发展研究

**XINSHIQI HENANSHENG
NONGCUN SANCHAN RONGHE FAZHAN YANJIU**

中国财经出版传媒集团

经济科学出版社
Economic Science Press

图书在版编目（CIP）数据

新时期河南省农村三产融合发展研究 / 吴珍彩著．
—北京：经济科学出版社，2021.11
ISBN 978 - 7 - 5218 - 3116 - 0

Ⅰ.①新… Ⅱ.①吴… Ⅲ.①农村经济 - 第三产业 - 研究 - 河南 Ⅳ.①F327.61

中国版本图书馆 CIP 数据核字（2021）第 243528 号

责任编辑：杜　鹏　胡真子
责任校对：王肖楠
责任印制：邱　天

新时期河南省农村三产融合发展研究

吴珍彩　著

经济科学出版社出版、发行　新华书店经销
社址：北京市海淀区阜成路甲 28 号　邮编：100142
编辑部电话：010 - 88191441　发行部电话：010 - 88191522
网址：www.esp.com.cn
电子邮箱：esp_bj@163.com
天猫网店：经济科学出版社旗舰店
网址：http://jjkxcbs.tmall.com
固安华明印业有限公司印装
710×1000　16 开　12.25 印张　220000 字
2021 年 11 月第 1 版　2021 年 11 月第 1 次印刷
ISBN 978 - 7 - 5218 - 3116 - 0　定价：66.00 元
（图书出现印装问题，本社负责调换。电话：010 - 88191510）
（版权所有　侵权必究　打击盗版　举报热线：010 - 88191661
QQ：2242791300　营销中心电话：010 - 88191537
电子邮箱：dbts@esp.com.cn）

前　言

　　产业兴，百业兴。推进乡村产业振兴，必须把农村一二三产业融合发展作为根本途径。自 2015 年末国务院印发《关于推进农村一二三产业融合发展的指导意见》以来，国家先后出台各项政策措施，统筹推进全国农村一二三产业融合发展。2018 年 6 月，《农业农村部关于实施农村一二三产业融合发展推进行动的通知》和《农业农村部 财政部关于深入推进农村一二三产业融合发展开展产业兴村强县示范行动的通知》中，又对农村一二三产业融合提出了更高要求。国家"十四五"规划和 2035 年远景目标纲要中对农村三产融合也提出了明确要求。河南省是农业大省，要实现向农业强省转变，三产融合无疑是很好的途径。而目前抓住国家政策有利时机、提高农村三产融合质量已迫在眉睫。

　　本书基于河南省省情，立足于河南省农村经济发展，旨在提升农村三产融合质量。本书在前人研究基础上，结合相关理论，第一，分析河南省农村三产融合发展现状，重点探讨河南省当前三产融合模式和特点；第二，构建指标体系，对河南省农村三产融合发展水平进行科学测定，在此基础上，又构建耦合协调模型，对河南省和各个地市农村三产融合协调度进行测算，分析河南省三产融合质量，找到发展中存在的问题；第三，分析河南省三产融合中不同利益主体的利益诉求和存在的矛盾与冲突，为今后主体利益联结机制的建立奠定基础；第四，通过典型区域调研数据，深入探究河南省农村三产融合的驱动因素以及农户参与农村三产融合的意愿及其影响因素，为进一步制定因地制宜的政策提供数据支撑；第五，在借鉴发达国家农村三产融合成熟做法和河南省典型区域成功经验的基础上，提出提升河南省农村三产融合发展质量的对策，尤其是分别探讨河南省城镇型农村、平原种植型农村、丘陵山区型农村三产融合的重点、模式和策略，使得对策更加有针对性和实用性。通过研究，本书得出以下主要结论。

　　(1) 河南省三产融合基础良好，融合模式丰富多样。随着国家和河南省一系列政策的实施，河南省经济得到了持续发展。经济总量连年增加，经济结构不断改善，工业主导地位明显，三产带动作用不断加强；农业产值不断增加的同时，内部结构也日趋合理，农林牧渔服务业产值占比有所提升；河南省农村基础设施不断完善。这无论从政策、产业基础还是基础设施等方面都为河南省农村三产融合提供了良好的条件。河南省各地市充分抓住机遇，立足于地方资源优势，因地制宜地探索出基于产业整合的农业内部融合模式、基于产业链延伸的三产融合模式、基于产业交叉的三产融合模式、基于技术渗透的三产融合模式等不同的三产融合模式，极大地促进了各地农业农村发展。

（2）三产融合协调度不断提高，融合水平处于初级阶段。本书结合河南省当期农村三产融合的情况构建指标，运用耦合协调模型分析了河南省农村三产融合的水平，研究认为河南省三产整体耦合度不是很高，且表现出"先升后降"的小幅波动状态；从协调度测算值看，河南省三产协调度虽然不高，但三年内有较大的提升，整体发展趋势与耦合度水平变化趋势一致。河南省农村三产融合还处于初级阶段，融合水平、融合层次、产业链、附加值等方面还有较大提升空间。

（3）三产融合中相关利益主体存在利益冲突。农村三产融合中涉及中央政府、地方政府、农业企业、农户等多个利益相关者，他们都有自己的利益诉求，在三产融合的实施中，这种诉求不同导致相关利益主体间产生了矛盾和冲突。在矛盾和冲突中，各个利益相关者相互博弈，追求达到利益平衡点。

（4）多种因素驱动农村三产融合，但融合动力有差异。政府支持、资源禀赋、技术创新、市场推动、人力资源、农业产业组织方式是农村三产融合的主要驱动因素。河南省粮食主产区三产融合中，农业产业组织方式因素 > 政府支持因素 > 资源禀赋因素 > 技术创新因素 > 市场推动因素 > 人力资源推动因素。从作用效果看，农业产业链延伸 > 农业增效 > 农民收入 > 农业多功能性发挥 > 农村经济发展。河南省农村三产融合发展驱动因素中，市场推动因素、技术创新因素以及人力资源因素的动力不足，对农民收入和农业多功能性发挥作用力度还相对较弱。

（5）农户参与三产融合受多种因素影响。本书以河南省种粮大县566份普通农户调查问卷为基础，构建 Logistic 模型对农户参与农村三产融合的意愿及其影响因素进行定量分析，研究结果表明：农户参与农村三产融合的意愿比较高；个人特征、家庭禀赋、感知行为和对外部环境的响应等方面对农户参与农村三产融合意愿具有不同程度的影响；对企业促进三产融合认知不足，风险认知、政策认知、年龄因素都是影响农户参与农村三产融合发展意愿的因素。普通农户当前甚至未来相当长时间内是河南省农业生产的重要主体，因此，关注普通农户的利益诉求，了解其参与农村三产融合的意愿及影响因素，有针对性地实施三产融合，对促进农业经济发展、解决小农户与大市场衔接、带动普通农户共同致富有重要意义。

基于以上结论及河南省农村三产融合中存在的问题，本书提出了七个方面的对策建议：(1) 拉长产业链条，提高精深加工能力；(2) 搭建平台，建立主管部门沟通协调机制；(3) 加大金融支持力度，完善三产融合服务体系；(4) 加大基础设施投入，发挥农业多功能性；(5) 注重创新，提高三产融合质量；(6) 提升农业经营主体能力，建立利益联结机制；(7) 制定促进三产发展的政策措施和整体规划，发挥区域资源禀赋优势。

吴珍彩

2021 年 8 月于河南郑州

目 录

第1章 导论 ·· 1
  1.1 农村三产融合的逻辑必然 ·· 1
  1.2 研究背景及意义 ·· 5
  1.3 文献综述 ·· 8
  1.4 研究目标 ··· 12
  1.5 研究内容及方法 ··· 13
  1.6 可能创新之处 ··· 16

第2章 概念界定及理论基础 ·· 18
  2.1 相关概念界定 ··· 18
  2.2 理论基础 ··· 22
  2.3 本章小结 ··· 29

第3章 河南省农村三产融合发展现状 ·· 30
  3.1 河南省经济发展现状 ··· 30
  3.2 河南省农村三产融合的环境基础 ······································· 37
  3.3 河南省农村三产融合情况 ··· 47
  3.4 河南省农村三产融合中存在的问题 ····································· 52
  3.5 本章小结 ··· 54

第4章 河南省农村三产融合质量分析 ·· 56
  4.1 河南省三产融合发展水平测定 ··· 56
  4.2 河南省三产融合发展耦合度和协调度分析 ······························· 61
  4.3 河南省三产融合不同主体利益冲突和矛盾 ······························· 62
  4.4 本章小结 ··· 64

第5章 河南省农村三产融合驱动因素分析 ···································· 65
  5.1 理论分析与研究假设 ··· 65

5.2 研究设计 ··· 69
5.3 数据来源与处理 ··· 72
5.4 数据分析 ··· 75
5.5 模型估计与结果分析 ·· 94
5.6 本章小结 ··· 99

第6章 河南省农户参与三产融合的意愿及其影响因素研究
——以粮食主产县为例 ·· 101
6.1 研究区域概述 ·· 101
6.2 理论分析和研究假设 ·· 102
6.3 数据来源及模型选择 ·· 107
6.4 农户参与三产融合意愿的影响因素分析 ················· 111
6.5 本章小结 ··· 118

第7章 农村三产融合的国际经验与启示 ························ 120
7.1 河南省农村三产融合的局限 ······························· 120
7.2 其他发达国家三产融合的经验启示 ······················· 123
7.3 本章小结 ··· 136

第8章 河南省农村三产融合发展的案例分析 ·················· 137
8.1 新郑"好想你"红枣小镇三产融合 ······················ 137
8.2 河南中鹤现代农业开发集团三产融合 ···················· 141
8.3 本章小结 ··· 145

第9章 研究结论及对策建议 ····································· 146
9.1 研究结论 ··· 146
9.2 对策建议 ··· 149

附录1 农村三产融合发展驱动因素调查问卷 ···················· 158
附录2 农村三产融合意愿及影响因素调查问卷 ················· 165
附录3 国务院办公厅关于推进农村一二三产业融合发展的指导意见 ··· 169
附录4 河南省人民政府办公厅关于推进农村一二三产业融合
　　　发展的实施意见 ·· 176

参考文献 ·· 181
后记 ·· 189

第1章 导 论

"三农"问题是关系国计民生的根本性问题，农业增效和农民增收是关乎粮食安全、民生稳定、经济增长的关键。实现乡村振兴，加强农业农村现代化，摆脱发展资源环境的刚性约束，降低农业生产成本，摆脱农村的空心化，都需要以农业为依托，促进产业融合发展，这已成为解决我国"三农"问题的重要途径之一。自2015年中央一号文件首次提出"要推进农村一二三产业融合发展"之后，农村三产融合成为我国各地区政府制定农业政策和促进农业现代化发展的焦点，也成为学者们研究"三农"问题的热点。

1.1 农村三产融合的逻辑必然

1.1.1 农业资源相对禀赋的变化需要三产融合

1.1.1.1 新时期农业资源相对禀赋的变化

首先，农地资源稀缺和小农经济长期存在。农地资源的稀缺性表现在数量和质量两个方面。从数量上看，截至2017年末，我国总耕地面积20.24亿亩，人均耕地面积1.46亩，不到世界人均水平的40%[1]。人多地少的基本国情使得具有传统农耕文化的中国已基本没有可开垦的农地。而农村家庭承包责任制形成的"人均一亩三分地、户均不过十亩"且地块分散的小农经济将在中国较长时期内存在。从质量上看，在粮食供应不足的时期，片面追求产

---

[1] 第三次全国农业普查主要数据公告 [EB/OL]. http://www.stats.gov.cn.

量,大量化肥、农药、地膜等无度使用,导致土壤毒化、耕地退化,农产品质量存在安全威胁[1][2][3]。尽管近些年来有较大改善,但自然资源部发布的《2019年全国耕地质量等别更新评价主要数据成果的公告》显示,我国耕地质量等级整体偏低。因此,在我国耕地数量、质量以及小农经济长期存在的多重约束下,广泛的农业大规模产业化经营无法实现。其次,劳动力转移乏力和农村劳动力结构性矛盾共存。我国农村人口众多,截至2019年末,我国第一产业就业人口仍占总就业人口的25.1%。农村人口向城镇转移的数量取决于农村人口在城市的就业概率和城乡预期收入差异,差异越大,流入城市的人口越多。在当前农村人口不断流入城市和城镇不低于4%登记失业率的形势下,农村人口在城市找到有较高收入工作的可能性不断变小,就业概率下降,农村人口转移乏力。与此同时,农村许多年轻人向往热闹、新奇的城市生活,不愿意在农村务农,而中年人由于农业比较收益偏低不得不外出务工,47.3%的农村农业生产从业者年龄在55岁以上,91.7%是初中以下学历,农村青壮年、具有较高文化程度的劳动力严重不足,农业现代化人才缺乏。最后,农业投入供应不足且投资成本上升。随着农业生产规模的不断扩大,农业生产方式也发生变化。现代化农业由资源型向机械化、技术化、智能化转变。大中型机械的广泛使用,晾晒储藏场所的建设,物联网、测土配方、生物化学技术等的应用,使得农业也逐渐成为资本、技术密集型产业。而农业具有天然受自然、市场双重风险影响的特性,再加上周期长、农民抵押物缺乏,难以吸引金融机构、风险投资等大规模资本投入。农业生产融资困难且成本高。

1.1.1.2 三产融合有利于缓解农业资源变化产生的矛盾

首先,三产融合更加关注生物技术、化学技术、信息技术和现代农业装备在农业生产领域的运用,可以提高农业单位生产能力,大大节约土地和劳动资源,可在一定程度上解决农村耕地资源稀缺和青壮年劳动力缺乏问题。其次,三产融合拉长农业产业链条,提高农产品附加值,增加农业利润空间,能够吸引更多资本投资农业,解决农业融资困难问题。而且在三产融合中,发挥农业多功能性,拓展农业观光、农业休闲旅游、农事体验、教育、健康

---

[1] 姚建仁. 点击农药污染 [J]. 农药市场信息, 2004 (17): 12-14.
[2] 束放, 唐启义. 我国农药需求影响因子分析 [J]. 农药, 2010 (4): 30-33.
[3] 蒋高明. 食品安全警报为何屡屡升级 [J]. 群言, 2011 (7): 24-30.

养老等项目，为资本创造商机，满足其逐利欲望，进而带动农村经济发展，提高农民收入。最后，农村经济繁荣，吸引青壮年人，甚至大学生到农村创业就业，家庭农场、农业企业、专业大户等多元化经营主体分工协作，共同发展，有助于缓解农村劳动力结构性矛盾。另外，现代化生物技术的运用，农民观念的转变，更加强调农业经济和生态效益兼顾，发展生态农业，保护耕地质量，保障食品安全。

1.1.2 农业内部分工不足需要三产融合

农业生产对象是生物，生物生产要遵循严格的生命周期和自然规律，具有时间上的继起性和固定性[①]。农业产业化虽然通过机械化替代了农业生产的劳动投入，但无法改变农业生产的自然生长周期，不能解决农产品自然生长和劳动投入时间差的矛盾，依然存在劳动力闲置，劳动效率低等问题。再加上农业操作的非标准化，监督成本高，农业内部无法从根本上实现有效分工。

1.1.2.1 三产融合依托现代农业技术改变农业劳动力空间投入

三产融合把先进的农业技术、生物技术、信息技术引入农业，改变了农业生产周期和空间布局，如大棚内种植，通过温度、湿度、土壤的控制，缩短了蔬菜、水果生长周期，提高了复种次数，改变了传统农业生产中劳动力无法持续投入的状况，增加了空间范围内的劳动投入，提高了劳动效率；土地测土配方、深耕等技术改变了土地复种指数，增加了单位土地的劳动投入，提高了土地生产效率；生物技术、物联网、大数据等信息技术的综合运用，使得农业生产更加科学化、标准化、模块化，把看似分离的农业生产环节整合成完整的产业链条，增强了农业生产空间上的共存性，实现了不同类型劳动力的协作，提高了劳动效率；农产品加工工艺的改进，通过劳动再投入改变了农产品形态，提高了农产品附加值。

1.1.2.2 三产融合关注农作物整个生长周期价值，拓宽农业利润空间

传统农业更多关注农业生产的最终成熟期，把成熟农产品供应作为终极

---

① 解安，周英. 农村三产融合的学理分析［J］. 学习与探索，2017（12）：155–161.

目标和利润获取点。三产融合除关注成熟农产品外，更加关注农业生产过程，加大农业整个生长周期要素投入，发挥农业多功能性价值。随着人们生活水平的不断提高，城镇人们对自然、恬静、安逸的生活有了更多需求，农村良好的生态环境、优美的自然风光、丰富的传统文化都是可供挖掘的农业资源。三产融合中产业交叉融合，发展农业休闲娱乐、生态旅游、传统文化教育、养老服务等产业，打造"农家乐旅游+农业观光+生态旅游""农事体验+休闲娱乐""古镇景区+休闲旅游"等一体化农业特色旅游项目，实现农业横向产业融合发展，从而拓宽农业利润空间。

1.1.3 农产品天然市场约束性需要三产融合

2017年中央一号文件提出，我国农业主要矛盾已从总量不足转化为结构性矛盾。[1] 之后，农业结构性问题成为需要解决的重要问题之一。农业生产特点和农产品食品性决定了其需求和供给弹性都小。而中国小农经济又将长期存在，9亿农民还要依托农业收入完成劳动力再生产。小农生产与大市场的种种矛盾依然存在。

1.1.3.1 三产融合拓宽了农产品需求边界和供给半径

随着生活水平的不断提高，人们对农产品的需求也发生了变化，粮食需求下降，蔬菜、水果、肉食农产品需求增加，尤其是鲜活、地域特产等高质量农产品需求旺盛，需要农产品供给能打破空间、时间的限制。三产融合注重农产品供给的多样性，拓宽需求边界和供给半径。首先，三产融合中进行供给侧改革，调整农产品供给结构，多生产劳动和资本双重密集投入的蔬菜、水果等农产品。其次，三产融合中发展花卉种植、保健药材、生态旅游、农业观光等产业，把农业生产从满足人们生理领域需求转向精神领域需求，创造新需求。最后，冷链技术、仓储设备运用于农业，保障农产品鲜活特性；农产品加工改变农产品形态，丰富农产品供给品种；利用便利交通、电子商务、现代物流缩短销售时间，延长销售半径。

---

[1] 中共中央，国务院. 关于深入推进农业供给侧结构性改革加快培育农业农村发展新动能的若干意见[EB/OL]. http://www.people.com.cn/.

1.1.3.2 三产融合改变农产品销售方式，缓解小生产和大市场问题

广大小农户无论在生产规模上，还是适应市场需求上都存在缺陷。较小的生产规模无法实现农业有效分工和专业化生产，而生产和消费的双层分散性致使信息严重不畅，从而"谷贱伤农"时有发生。三产融合中信息技术渗透农业，通过农业信息化、"互联网＋"等实现农业产业各环节的无缝对接，不但最大限度地节省了交易费用，而且在此过程中强调多元化农产品供给和小农户直接面对分散的市场需求，一方面规避了农业产业化农产品同质化的风险，另一方面农户参与农产品的生产、加工、流通、销售等环节，共享其中的利润，增加农民收入。

1.2 研究背景及意义

1.2.1 研究背景

农村经济是现代化经济体系的重要组成部分，2003～2021年，中央一号文件连续19年都是关于"三农"问题，文件内容包括农业农村税费改革、农村水利建设、推进新农村发展建设、加强农业供给侧结构性改革等，涉及农业、农村、农民等方方面面的问题。2015年末，国务院印发《关于推进农村一二三产业融合发展的指导意见》，农村三产融合被正式提出，主要的目的是改变原来农业产业化带来的弊端，通过加强利益联结，促进农民增收。接下来的六年时间里，每一年的中央一号文件都强调了农村产业融合发展，内容涉及"构建现代农业产业体系、推进农业产业链整合和价值链提升、加快转变农业发展方式、培育农民增收新模式、让农民共享产业融合发展的增值收益"等。推进农村产业融合发展是增加当前农民收入的必由之路；探索以农业为基础、加强农业与二三产业融合是"探索中国特色农业现代化道路的必然要求"。在当前经济面临新常态、经济动能转换之际，"加快培育农业农村发展新动能，推动农村产业融合发展是有效途径"。党的十九大报告提出实施乡村振兴战略，强调产业兴旺在乡村振兴中的地位和重要性，同时指出要促进农村产业融合发展体系建设，构建现代农业产业体系、生产体系、经营体系。2018年6月，《农业农村部关于实施农村一二三产业融合发展推

进行动的通知》和《农业农村部 财政部关于深入推进农村一二三产业融合发展开展产业兴村强县示范行动的通知》中,都对农村一二三产业融合提出了更高的要求。2019年中央一号文件强调要"发展壮大乡村产业,全面深化农村改革,激发乡村发展活力"。2020年中央一号文件强调"发展富民乡村产业,促进建立农民分享产业链增值收益机制,立足本地资源禀赋,强化特色引领,形成产业集群,推动农村产业融合发展"。2021年中央一号文件强调"依托乡村特色优势资源,打造农业全产业链,把产业链主体留在县城,让农民更多分享产业增值收益。推进农村一二三产业融合发展示范园和科技示范园区建设"。因此,农村产业融合发展是解决农业内部结构不合理,农村经济发展缓慢、农民增收乏力的重要方式,是乡村振兴战略的有效实施路径。

近年来,随着我国国民经济的发展,以及对农业农村农民问题的重视,农业增效、农村经济以及农民收入已经有了较为明显的改善和提高。但是随着国内外环境的变化,社会主要矛盾的转变,人民需求的持续上升,农业发展也面临深层次调整,农业生产成本不断上升、供需发展不平衡、农业资源环境受约束等问题逐渐显露出来。一方面,农地占用、农地资源减少,农业发展的主要矛盾已由总量不足向结构性矛盾转变;另一方面,劳动力外流、农村生产劳动力短缺,空心村现象不断增多,这些问题的根本原因就是乡村产业的凋敝,尤其是第二、第三产业发展缓慢。没有第二、第三产业的发展就吸引不了资源要素,就难以聚集人气、财气,难以改变乡村落后的局面。很多小农户收入一直处于收入分配金字塔的底部,很难接近城镇居民的收入水平。目前,全国农村居民人均第一产业经营净收入大体相当于农民工月平均工资,因此,发展富民强村的产业是农村发展的首要任务。

河南省是我国的农业大省,耕地面积为2.58亿亩,占现有全国耕地面积(20.31亿亩)的1/10,是适宜稳定利用耕地(18亿亩)的1/9,是中国人均耕地面积(1.52亩)的3.43倍,高于世界人均水平(3.38亩),在切实保障国家粮食安全方面发挥了举足轻重的作用。近年来,粮食连年丰收,农村经济继续保持向好的发展势头,但是,随着经济的发展和国际国内环境的变化,河南省粮食生产优势逐渐减弱。大田作物多,经济作物少,初级农产品多,精深加工农产品少,农村产业结构在过去的发展中,由于过分依赖第一产业,产业结构不合理现象凸显出来。在第一产业方面,数量虽有保持，但是质量并没有显著改善；虽然在农产品总量上逐年增加，但是农产品结构却不够合理，粮、经、饲发展比例不协调；随着成本增加，投入逐年提高，但收益却没有明显改善，种植比较收益下降，农民生产积极性缺乏，空心村不断增多。在农村第二产业方面，农业内部潜力发掘不够，区域比较优势没有充分体现，农产品生产加工存在不足，农产品流通环节还有明显改善空间，2020年河南省农产品加工产值与农业总产值之比为3.8∶1，虽高于全国农产品加工产值与农业总产值的比值（2.4∶1），但与加工业发达的省份还有不小差距。农村第三产业中的服务体系还很欠缺，直销、配送、电子商务等农产品流通体系还不完善，适应市场经济发展的新产业新业态发展不足。

围绕着国家关于农村一二三产业融合发展的总体部署，河南省也陆续出台了地区农村一二三产业融合发展的指导方案或措施。经过几年努力，河南省农村一二三产业融合发展呈现"融合主体量质齐升、融合模式百花齐放、利益联结日益紧密、投融资机制不断完善"的良好态势，农村产业融合发展已经成为各地农业投资的热点领域和农村创新创业的突出亮点。但是，河南省一二三产业还处于初级融合阶段，存在融合主体带动力不强、资源要素供给紧张、外部支撑环境尚不完善、融合项目自我升级发展困难、利益联动机制不健全等一系列不容忽视的难题，与国家提出的农村三产融合要求、发达国家三产先进融合模式等还有不小差距。河南省是农业大省，要实现向农业强省转变，三产融合无疑是很好的途径。而目前抓住国家政策有利时机提高农村三产融合质量已迫在眉睫。

1.2.2 研究意义

本书以"新时期河南省农村三产融合发展"为题进行研究，主要设想构建科学指标体系，对河南省农村三产融合发展水平及所处阶段进行定量研究，以及基于耦合协调模型对河南省各地区农村三产融合协调度、融合发展质量进行深入分析，进一步探讨河南省农村三产融合中的驱动因素，并从农户视角分析河南省农村三产融合的意愿及影响因素，然后结合河南省农村三产融合中存在的问题和国际发达国家三产融合的成功经验，有针对性地提出提升河南省农村三产融合发展质量的对策，尤其是对河南省不同区域、不同类型的农村进行细分研究，这不仅可以对农村三产融合发展在理论上进一步补充，为农村一二三产融合发展研究领域增添新的研究内容，而且本书构建了耦合度函数，对河南省农村不同地区、不同层级的农村产业融合度进行系统评价，针对不同区域、不同农村类型三产融合策略进行分析，通过构建指标分析河南省农村三产融合的驱动因素，运用调研数据，试图找到农户参与农村三产融合的意愿及影响因素，这些研究不仅对河南省农村三产融合发展、农业供给侧结构性改革具有一定的理论和实践意义，而且对我国其他传统农业大省的农村农业发展也有一定借鉴意义。

1.3 文献综述

1.3.1 国外研究综述

1.3.1.1 关于产业融合内涵的研究

20世纪70年代以来，随着信息技术的迅速发展和经济服务化的深入推进，产业融合现象迅速形成。关于产业融合的内涵逐渐丰富、成熟，具有代表性的观点有：一是技术扩散渗透论。美国学者罗森博格（Rosenberg，1963）认为，产业融合是某一产业的技术革新出现后，向其他产业扩散渗透，导致若干产业共享技术基础的现象。尼古拉斯·尼葛洛庞帝（Nicholas Negroponte，1978）用三个重叠的圆圈来描述"计算机业""出版印刷业""广播电影业"三大产业之间的技术融合现象，认为三个圆圈的交叉处将成为成长最快、创新最多的领域。二是产业融合过程论。该理论强调了产业的主体——企业，通过建立战略联盟、并购等组织形式，在不同行业企业共享技术平台的基础上，形成了共同的产品或服务市场。欧洲委员会（European Commission，1997）发表的绿皮书中提出，产业融合是指产业联盟和合并、技术网络平台和市场等三个角度的融合。三是产业边界变化论。格林斯腾和卡恩纳（Greenstein & Khanna，1997）认为，产业融合是为适应产业增长而发生的产业边界的收缩或者消失。四是产业竞争关系论。日本学者植草益（2001）强调，产业融合就是通过技术革新和放宽限制来降低行业间的壁垒，加强各行业企业之间的竞争合作关系。

1.3.1.2 关于产业融合动因的研究

关于产业融合动因的研究主要有技术创新说、市场需求说、市场供给说、综合因素说等四种观点。戴维·雷（Lei，2000）认为，某一产业的技术创新使得产业之间形成了共同的技术基础平台，进而影响和改变其他产业产品的开发、竞争和价值创造过程。澳大利亚融合发展报告（Australian Convergence Report，2000）认为，产业融合产生的根本动因在于市场需求和消费者的愿景，数字技术是产业融合的必要条件。切斯布罗（Chesbrough，2007）从推动产业融合的作用力角度强调了商业模式创新的作用。哈克林（Hacklin，2008）以信息、通信和技术（information communication technology，ICT）产业为研究样本，发现融合的驱动因素主要包括商业模式创新、技术进步、管制放松和需求演变。技术创新和商业模式在产业融合中起到相关但是却截然不同的作用。技术进步和创新是促成器，而技术融合是产业融合引发器。

1.3.1.3 关于农村三产融合实践的研究

国外对于农村产业融合实践的研究涉及农业产业链、农业多功能、农业经营主体和利益联结机制等多个方面。维杜等（Verdouw et al.，2010）通过关联模型对四个国家的季节性蔬果消费模式的研究发现，农业产业链需要与信息技术进行有效对接和整合来满足日益变动和升级的潜在需求。哈拉格（Hjalager，1996）认为，农村产业融合建立在农业多功能理论基础上，农业经营范围由于农业功能的横向拓展而得以扩大。黑格蒂（Hegarty，2005）认为，区域的自然禀赋以及市场条件使得农业具有多样性，使农业具有巨大的潜力。切奇克和弗莱舍（Tchetchik & Fleischer，2008）通过对以色列农业发展的研究发现，农村产业融合可以提供更多的就业岗位，帮助农民就业，实现农业的社会功能。克努森和克洛普（Knutson & Cropp，2013）发现产业融合可以为农民合作社引入更多的社会资本，帮助其提高竞争力，还可以借此形成新的组织形式。查尼奥塔基斯（Chaniotakis，2017）认为，农业产业组织的作用不仅包括提供食品加工原料，更多体现在促进农业商品化和促进农村经济发展，而且，农业产业组织对生态保护和促进就业也有很大的作用。

1.3.2 国内研究综述

实际上，一二三产业之间有其天然的耦合性，国内三产融合发展研究的成果也很丰富，主要集中在以下几个方面。

1.3.2.1 三产融合概念和发展进程研究

三产融合概念最初由罗森博格（Rosenberg）提出。随后学者们又把它扩充到世界行业之间融合，尤其是随着数字技术和网络行业的大面积普及，产业边界变得越来越模糊。温铁军（2016）研究认为，农业演进过程可分为1.0~4.0四个发展时期，农业1.0是农业原始积累时期，农业2.0进入了农业产业化发展时期，农业3.0主要是一二三产业相互融合的综合发展时期，农业4.0时期农业将高度现代化、科技化。苏毅清（2016）从产业分工角度将农村一二三产业融合定义为农林牧副渔等第一产业的细分产业与第二、第三产业中的细分产业所形成的社会生产的产业间分工在农村实现内部化。梁瑞华（2018）认为，农村一二三产业融合发展是以推动"三农"发展为目标，以农业产业为基础，通过农业产业链、价值链、供应链及农业功能的拓展，促进农村各产业领域的资源要素相互融合，进而推动新产业形成和发展的过程。刘国斌和李博（2019）将农村一二三产业融合定义为在一定的条件下，通过农业与其他产业的相互渗透、交叉、融合，实现农村产业结构优化的过程。

1.3.2.2 农村三产融合发展的影响因素研究

姜长云（2015）分析认为，我国农村三产融合的思路应该更宽，城乡一体化发展，特色加工业、深度加工业、农业休闲娱乐等都可以在农村发展，而推动农村三产融合的关键是要引入外部力量，引领、示范农村经济发展，提升农村三产融合层次。李云新等（2017）采用引入控制变量的回归分析和倾向得分匹配（Propensity Score Matching，PSM）分析方法，通过对农户的微观调查，实证分析了农村产业融合对农户收入的影响。孙会敏等（2018）利用产业融合系数，运用万得（Wind）投入产出数据测算农业与其他产业的融合度，认为农业绩效水平对来自农产品加工与农业、化工产业与农业融合的冲击具有正向显著的响应，而对来自纺织服装业与农业融合的冲击响应不明显。杨艳丽（2020）从农户微观视角进行问卷调研，并基于计划行为理论研究农户参与产业融合意愿的驱动因素。其研究结果表明，个人特征、家庭禀赋、感知行为和对外部环境的响应等方面对农户参与农村产业融合的意愿具有不同程度的影响。结果显示农户对合作社满意度相对较高，对企业引领产业融合认知不足，风险认知、政策认知、年龄因素都是影响农村产业融合发展意愿的因素。

1.3.2.3　农村三产融合模式研究

王铁军（2015）分析认为，当前中国的三产融合模式就是将市场化手段引入农村，改造传统农业，实施"经济带＋产业集群＋社区"的国家战略模式。吕岩威和刘洋（2017）认为，我国农村三产融合有"农业龙头企业带动""工商资本带动""垂直一体化经营""互联网＋农业电商平台"四种模式。梁伟军（2019）则提出，农村产业融合要形成高新技术的"渗透型融合"、内部子产业间的"整合型融合"、农业与服务业间的"交叉型融合"、农业生产与工业生产之间的"综合型融合"。江泽林（2021）研究认为，土地、劳动力、资本、技术、信息是农村一二三产业融合的重要生产要素，它们在不同融合模式中发挥作用不同，对农民在融合中获得收入分配的影响也不一样。

1.3.2.4　关于农村三产融合评价研究

梁树广和马中东（2017）运用相关数据测算了农业与相关产业的融合关联度，得出农业与农村物流联系紧密、农业与科学研究和技术服务融合关联度相对偏低的研究结论。方世敏和王海艳（2018）基于系统论观点，引入物理学粘性理论，构建产业粘度指标体系，利用最优熵值法模型测度了长江经济带和黄河经济带农业与旅游产业融合系统的产业粘度，分析了两区域产业粘度时空演化规律及演化模式。田聪华（2019）用德尔菲法聘请相关专家对评价指标进行打分，采用层次分析法和综合指数法构建评价指标体系，对新疆农村产业融合发展水平进行综合评价。李姣媛等（2020）采用倾向得分匹配法评估参与三产融合对农户收入的影响效应，认为参与三产融合对户主年龄在 45 岁及以上、受教育程度为高中及以上的农户和没有注册成为新型农业经营主体的普通农户家庭人均经营性收入的影响效应更为显著。王丽和宋宝胜（2021）利用熵值法测定河南省农村产业融合发展水平情况，结果表明，河南省农村产业融合的综合发展水平整体呈上升趋势，但产业融合过程中各子系统之间的发展水平有差异，产业融合产生的社会经济效益高于农业与关联产业融合水平，城乡一体化数据指标高于农户增收与就业水平。

1.3.3 文献评述

上述研究成果颇丰，从不同角度分析了农村三产融合发展的问题，对指导河南省农村三产融合发展有重要价值。但仍然有不足之处：（1）对农村三产融合发展水平缺乏科学的评价体系。（2）一二三产业有天然的融合性，三产发展相辅相成，但在地区产业融合发展中，三产融合度如何？对区域经济发展起到什么作用？定性分析多，定量研究不够。（3）对不同地区农村三产融合空间差异及相关利益主体利益诉求分析不够。（4）对农产三产融合的驱动因素及驱动因素发挥作用的大小缺乏分析。（5）从农户视角研究参与三产融合的意愿和影响因素的文献不多。（6）河南省是我国粮食生产的核心区域，对其农村三产融合发展研究更有意义，但这方面研究成果不多。针对以上情况，本书选择以河南省农村三产融合发展水平测度和不同区域三产融合发展空间差异作为研究方向，一方面，切入点较小，实证数据容易收集，研究比较容易开展；另一方面，河南省是我国粮食主产区，是传统农业大省，有关河南省农村三产融合的研究对其他粮食主产区也有一定借鉴意义。

1.4 研究目标

本书在前人研究的基础上，结合相关理论，第一，分析河南省农村三产融合发展现状，重点探讨河南省当前三产融合模式和特点；第二，构建指标体系，对河南省农村三产融合发展水平进行科学测定，在此基础上，又构建耦合协调模型，对河南省和各个地市农村三产融合协调度进行测算，分析河南省三产融合质量，查找发展中存在的问题；第三，分析河南省三产融合中不同利益主体的利益诉求和存在的矛盾与冲突，为今后进一步完善主体利益联结机制奠定基础；第四，运用典型区域调研数据，深入探究河南省农村三产融合的驱动因素及农户参与农村三产融合的意愿和影响因素，为进一步制定因地制宜的政策措施提供数据支撑；第五，在借鉴发达国家农村三产融合成熟做法和河南省典型区域成功经验的基础上，提出提升河南省农村三产融合发展质量的对策，尤其是分别探讨了河南省城镇型农村、平原种植型农村以及丘陵山区型农村三产融合的重点、模式和策略，使得对策更加有针对性和实用性。

1.5 研究内容及方法

1.5.1 主要研究内容

本书分为三大部分。

第一部分是本书的基础，主要包含两部分内容：一是介绍本书研究意义和相关理论；二是对当前研究成果进行综述，并根据研究的不足之处，提出本书的研究思路和方法。

第二部分是本书的主体，主要包括以下内容。

（1）河南省农村三产融合现状分析。本部分在分析河南省经济发展和三产融合基础条件的基础上，重点总结目前河南省农村三产融合的典型模式及特点，并查找三产融合中存在的问题。

（2）河南省农村三产融合质量分析。首先，构建指标体系，运用熵值法测定河南省农村三产融合发展水平。其次，利用产业融合理论，构建耦合协调模型，对河南省和各地市农村三产融合协调度进行分析。最后，通过问卷调查、实地访谈等方法，深入分析农户、农业企业、政府的融合行为特征及其原因，考察河南省不同地区融合经营主体的异质性，关注不同利益主体的利益诉求和矛盾冲突，为河南省各地区本土化农村三产融合策略提供参考。

（3）河南省农村三产融合的驱动因素分析。首先，在对河南省农村三产融合水平评价的基础上，通过对研究区域的调查及相关理论分析，假设农村产业融合的驱动因素包括政府、资源、人才、技术创新、市场、产业组织等方面。其次，结合河南省的实际情况，探讨每个驱动因素是否起到驱动作用以及驱动因素的影响程度如何，确定河南省农村产业融合驱动因素的短板，为后续开展相应的政策扶持提供理论依据。

（4）农户参与农村三产融合的意愿及其影响因素分析。河南省是农业大省，小农户依然是农业生产的主力军，也应是农村三产融合参与的主体，这也是解决小农户大市场衔接的有效途径。本部分运用计划行为控制理论，对普通小农户参与农村三产融合的意愿及其影响因素进行深入研究，并将其纳入推动农村三产融合发展的动力系统，从农村三产融合内部响应角度完善河南省农村三产融合动力驱动因素，从而为带领农户实现三产融合提供现实依据。

（5）河南省农村三产融合的局限和农村三产融合发展的国际经验及启示。本部分在分析河南省农村三产融合局限基础上，总结国外农村三产融合发展的先进经验与模式，尤其是日本、韩国第六产业中加法效应和乘法效应的有效运用，探讨对河南省农村三产融合的启示。

（6）河南省三产融合典型案例分析。本部分以河南省"好想你"红枣小镇和河南中鹤集团两个集团企业为例，总结河南省农村三产融合中企业的做法和对今后启示。它们是河南省一二三产业融合发展的先导区，其独特的三产融合模式，不仅使集团经济得到了发展，而且还带动了周边县、乡经济上了一个台阶，为周边农民提供了就业岗位，赢得了分红和工资双份收入，取得了多赢效果，值得借鉴。

第三部分是本书的结论及对策部分，结合上述理论与实证分析，总结了本书的研究结论，在此基础上提出了提升河南省农村三产融合发展质量的对策。本部分根据地形地貌及资源禀赋特点，将河南省农村分为城市近郊型农村、平原种植型农村、丘陵山区型农村三种类型，三种农村类型各有自身特点，三产融合发展中既有共性又有独特性，本部分还提出在新形势下河南省农村三产融合应依据不同区域资源优势，制定全省三产融合整体规划和相应政策措施，抓特色、分步骤地实施三产融合发展。

本书研究的技术路线见图1–1。

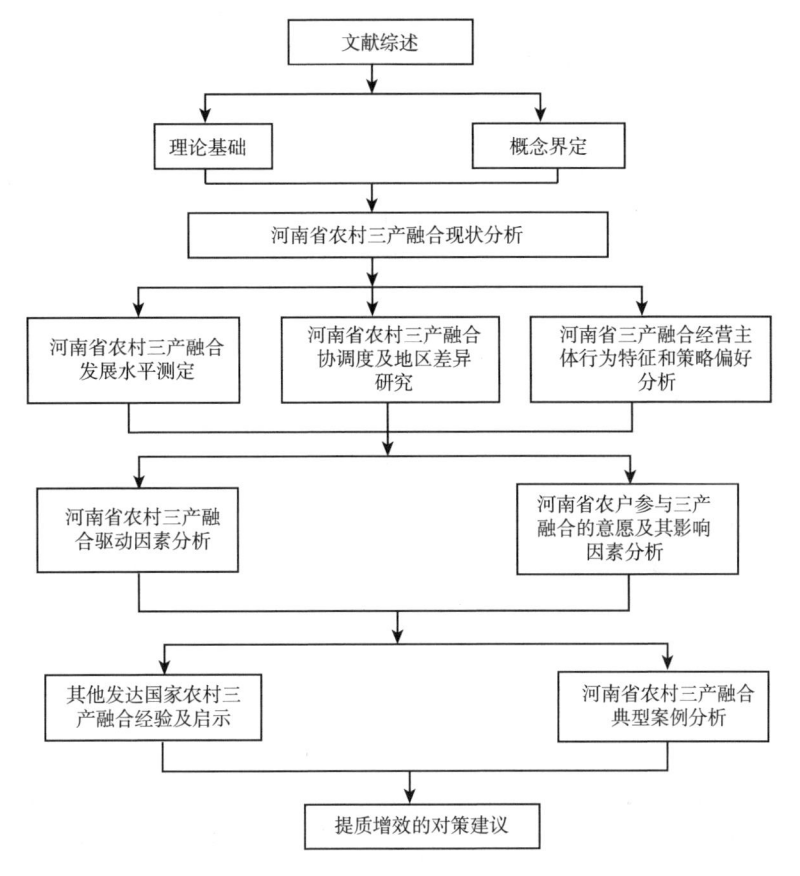

图 1-1 研究的技术路线

1.5.2 研究方法

本书主要采用的研究方法有文献分析法、定量分析和定性分析相结合、专家座谈法和实地调查法等。

1.5.2.1 文献分析法

这主要是在研究初期使用的研究方法。一方面,通过众多的数据库搜集农村三产融合发展的相关研究文献,了解前人的研究方法、研究思路、研究成果;另一方面,通过政府各种统计资料和公开信息查找相关数据,为后期的宏观分析奠定基础。

1.5.2.2 定量分析与定性分析相结合

本书在测定河南省农村三产融合发展水平、河南省及各地级市农村三产融合度和协调度测定、河南省农村三产融合驱动因素和农户参与三产融合意愿及影响因素分析中都采取定量与定性相结合的方法。

1.5.2.3 专家座谈法

本书在河南省农村三产融合发展水平测定的指标体系构建中，邀请行业内知名专家对指标体系重要性进行打分。

1.5.2.4 深度访谈法

本书在探究河南省农村三产融合主体的利益诉求、河南省农村三产融合驱动因素的分析中都采用了深度访谈法，为更好了解相关内容及深入研究收集了素材。

1.5.2.5 问卷调查法

本书在研究河南省三产融合驱动因素和农户参与农村三产融合意愿中，通过问卷设计，了解农户的基本情况及对三产融合的种种评价，为深入分析三产融合驱动因素及农户参与三产融合的影响因素提供数据，保证了三产融合驱动因素研究及从农户视角掌握农村三产融合影响因素研究的真实性和可靠性。

1.6 可能创新之处

本书的可能创新之处有两点。

（1）研究方法上，运用耦合协调模型对河南省各地市农村三产融合发展的融合度和空间差异进行定量分析；研究农村三产融合的驱动因素时，使用SPSS软件对问卷进行因子分析，删除了不显著的项目；对构建的农村产业融合模型实证时，应用AMOS软件进行验证分析，并采用结构方程模型构建路径，对三产融合的驱动因素进行分析；研究农户参与三产融合的意愿时，采用了二元Logistic回归分析法等多种统计方法，使得研究结论更加科学严谨以及政策提出也有数据支撑。

（2）研究内容上，不仅从新型农业经营主体角度对驱动农村三产融合的因素加以研究，同时也从微观主体即小农户角度，对其参与三产融合的意愿及影响因素进行考察，从而为河南省农村三产融合质量提升提供全面系统的参考建议，也为促进河南省小农户与现代农业有机衔接提供相关理论基础和实践导向。而且，对河南省农村三产融合经营主体行为特征及融合方式偏好的分析以及分区域讨论不同类型农村三产融合策略，有利于政府、农业经营主体采取有针对性的措施，提高联农带农效果，促进农民增收。

第2章 概念界定及理论基础

2.1 相关概念界定

2.1.1 产业分工

产业分工是指一定的生产经营主体、群体在产业及行业的整个生产过程流中所承担的任务或扮演的角色。产业分工促进了一二三产业的分离发展，而随着技术进步、产业交叉重组、产业渗透，一二三产业的发展又带来了产业融合发展。早在古希腊时代，就出现了对分工的思考。柏拉图（Plato）在其著作《理想国》中较早论述了分工和职业化、专业化对增进社会福利的意义。柏拉图认为，分工可以促进生产力的提升，若一个人专心一种生产，所生产的东西必然数量较多、质量较优[1]。希腊著名历史学家色诺芬（Xenophon）的分工思想远远超越了柏拉图和亚里士多德（Aristotle），从使用价值角度分析了社会分工问题。

分工是进步的原动力，是社会发展的必然结果，也是劳动社会化的重要体现。分工能带来生产的专业化，根据比较优势进行分工，各尽其能，有助于提高社会效率，优化资源配置。1776年出版的《国民财富的性质和原因的研究》用针厂的例子阐述了这一原则，而后，钱德勒研究工业资本主义得出结论，规模经济和范围经济是工业时代企业获得巨大发展的秘密。进入信息时代，所谓的新经济、网络经济仍然服从这一基本原则——要获得各种"经济性"，就必须采取各种形式的分工，以创造出非分工不能的

---

[1] 柏拉图. 理想国 [M]. 郭斌，张竹明，译. 北京：商务印书馆，2020.

成就。

分工和专业化，是对同一个事物两种不同的表达。分工，通俗地讲，就是不同的人干不同的事情；而专业化，是分工的另一种表达，意即同一个人专注于干同一件事情。分工有利于专业化水平的提高。亚当·斯密（Adam Smith）在《国富论》中详细论述了分工的好处，他指出，在生产过程中，劳动分工能够使工人专注于他们各自擅长的任务，从而最大化劳动生产率。[1]由此可进一步推广，一个国家的产业与劳动生产力的增进程度如果是极高的，则该国各种行业的分工一般也都将达到极高的程度，反过来说，如果一个国家各行业的分工程度很低，那么这个国家的产业发展水平和生产力发达程度也不会很高。分工是为了更好的专业化，有分工与专业化，才会出现界限比较清晰的多产业。但随着多种先进要素的出现与进步，为了交易和节约成本，分工基础上各产业主体又必将寻找合作的机会，为一二三产业融合发展提供了最原始的基础。

2.1.2 产业边界

边界是系统理论中的基本概念。边界存在的范围非常广泛，在系统与环境之间扮演着双重角色，是人们对于系统以及系统与环境之间关系的未来演化进行预测和决策分析的重要依据。将系统理论中的边界概念引入产业组织理论研究，由此可得到"产业边界"的概念。

产业边界是由产业经济系统诸多子系统构成的与其外部环境相联系的界面。尼古拉斯·尼葛洛庞帝（Nicholas Negroponte）指出，随着先进要素的进步和发展，在三个不同圆圈之间出现交叉、重叠和包含，表明产业边界已经模糊、互相渗透甚至消失。吴广谋和盛昭瀚（2002）从组织生命周期角度考察了组织边界的动态性，认为产业的动态边界是产业作为短时间尺度以及实现产业目标的决策变量。周振华（2003）在对传统的电信、广电、出版等产业以及工业生产行业的特性进行分析后，用技术、业务、运作、市场四个维度来界定产业边界。

传统意义上，产业的定义很清晰，随着技术的渗透，产业之间的边界就已经不是很清晰了，产业边界开始模糊化。正因为各产业在已有的分类中存

---

[1] 亚当·斯密. 国富论［M］. 文竹，译. 北京：中国华侨出版社，2019.

在明显的产业边界，随着发展才会出现跨过边界，实现产业融合。产业分工和产业边界既是产业融合的基础，又与产业融合形成必然辩证统一，没有产业分工与产业边界就不存在产业融合，没有产业融合，各产业分离发展，就无法形成产业新业态，社会也将停滞不前。

2.1.3 农村三产融合

产业融合是指不同产业由于经济发展需要，相互渗透、相互包含、互为作用进而融为一体的发展模式。产业融合是产业分工新的路径和起点，产业融合与产业分工作为两种交叉互补的产业发展趋势，共同推动了经济的发展。理论分析表明，在当今全球经济发展中，产业融合发展成为提高劳动生产率和竞争力的有效组织模式。追求更高经济效益是产业融合的内在动力。在技术创新、竞争合作，范围经济的追求下，再加上国家对产业管控的放松，产业融合应运而生。

农村三产融合自从被国家作为推动农业农村经济发展的路径以来，相关方面的研究亦成为学界研究热点，厘清农村产业融合的内涵，是开展相关研究的基础。农村三产融合是农村产业在逐渐发展过程中形成的一种产业形势，我国农村产业在发展的过程中，经过了农工商联合经营—农村产业化经营—农村产业融合的发展历程。而现代农业的发展过程，也是农业产业融合化发展的过程，以产业融合推进我国现代农业发展具有重要的理论和现实意义。现代农业是具有高度产业融合性质的"大农业"，现代科学技术对农业的渗透融合，是现代农业发展的内在动力。产业融合模式通过产业功能和产业属性的复合、产业资源的深度利用和产品市场的重新定位，拓展了现代农业产业体系的横向幅度。产业融合是农业产业化经营的新内涵，作为整合型产业融合的具体表现形式，农业产业链的整合和外延式、内涵式优化使现代农业的发展空间不断向高附加值的产前和产后环节延伸。

从国内外的发展实践经验看，农村三产融合发展是指各类农业产业组织以农业为基本依托，通过产业联动、产业集聚、技术渗透、体制创新等方式，将资本、技术以及资源要素进行跨界集约化配置，打破农产品生产、加工、销售相互割裂的状态，使农业生产、农产品加工和销售、餐饮、休闲以及其他服务业有机地整合在一起，延伸农业产业链条，完善利益机制，使得农村一二三产业之间紧密相连、协同发展，最终实现农业产业链延伸、产业功能拓展、产业新形态形成、农民就业岗位增加、收入提升，形成各环节融会贯通、各主体和谐共生的良好产业业态。很显然，以农业为基本依托，推进三产融合发展，有利于农民分享三产融合发展中带来的红利，有利于吸引现代要素来改造传统农业以实现农业现代化，有利于拓展农业功能以培育农村新的增长点，有利于强化农业农村基础设施互联互通以促进新农村建设。

2.1.4 农业产业化

农业产业化是以市场为导向，以经济效益为中心，依靠当地农业的主导产业或产品，根据区域布局，进行规模化、专业化生产，实现农业现代化经营和全产业链发展的过程①。农业产业化的主要目的是解决大量分散的农户与市场脱离的问题，改变传统自给自足的农业生产模式，让农业生产变得专业化、社会化。农业产业化具有市场化、区域化、专业化、规模化、一体化、集约化和企业化等特征。农业产业化的关键在于发展龙头企业，因为其实质依然是延伸农业产业链。但其与农业产业链延长相比更加强调龙头企业的牵引作用，依靠龙头企业的带动来同时实现产业链向上游原材料生产和下游市场的延伸。产业链延伸中的农工商一体化等方式可以看作农业产业化发展的一个初级阶段。它仅仅是打破了农业生产、加工、销售环节相互割裂的状态，由龙头企业带动的农业产业化在延伸产业链的同时，也与农户形成了紧密的联结关系，带动了农户的发展。农业产业化的发展为农村产业融合奠定了主体和产业基础，农村产业融合在农村产业化的基础上包含了更多农业发展的途径和要求，是农业产业化的高级形式。

2.1.5 农业"六次产业化"

日韩农业"六次产业化"与本书研究的农村一二三产业融合发展有相近之处。20世纪90年代，日本学者今村奈良臣较早提出产业链整合、融合的

---

① 华静，王玉斌. 我国农业产业化发展状况实证研究 [J]. 经济问题探索，2015（4）：70 - 74.

发展理念。他认为，提高农民收入必须采取产业链整合的方式，1994年他提出农业的"六次产业"概念，即第一产业＋第二产业＋第三产业＝六次产业，后来他又提出，六次产业＝第一产业×第二产业×第三产业，意思是将农业、水产业等第一产业扩展至食品加工（第二产业）、流通销售（第三产业）等方面。发展六次产业的目的是通过传统农业向第二、第三产业延伸，追求农产品的高附加值，进而增加农民收入。六次产业化的核心在于"一体化"和"融合"，即以农业为主体，第二、第三产业附着其上，相互融合，从而使得原本作为第一产业的农业成为综合产业，形成农产品生产、加工、销售、服务、观光等的一体化，通过多种经营，逐步把传统农业变为农业综合产业，获取更大的附加值，摆脱农业日益衰败的现状。2008年，日本政府提出农林水产大纲——《农山渔村第六产业发展目标》，从政府层面肯定了第六产业发展。2010年3月，日本内阁会议通过新的《食品、农业和农村基本计划》，提出通过发展"六次产业"增加农民收入，创造新商业模式，将农业"六次产业"与环境和低碳经济结合在一起，在农村创造新产业。日本农林省还相继颁布了《六次产业化：地产地销法》和相关纲要文件，提出了多项推进"六次产业"发展的政策措施，建立推进委员会，实施融资优惠政策，设立投资基金，完备农业农村基础设施，支持中小企业与农业生产者合作，支持农民自己开发新产品、新产业、新市场，支持农业技术创新。日本推行农业"六次产业"之后，农业活力得到增强，农民收入也得到明显增加。

2.2　理论基础

2.2.1　分工协作理论

分工是社会发展的必然结果，是劳动社会化的重要体现。分工能带来生产的专业化，根据比较优势进行分工，各尽其能，有助于提高社会效率、优化资源配置。然而，社会生产只要有分工，就一定有协作。分工越细致，协作就越密切。分工和协作是互为前提、相互影响的。没有不协作的分工，也没有不分工的协作。只有分工没有协作，社会很难快速协调发展；只有协作没有分工，社会的发展就没有效率。马克思认为，在社会大生产中，分工和协作能创造出新的生产力,他说"劳动生产力是由多种情况决定的,其中包括:工人劳动的平均熟练程度,科学的发展水平和它在生产工艺中的应用程度,生产过程的结合程度,生产数据的规模和效能,以及自然条件……"①这里"生产过程的结合程度"就是指的分工与协作。

  农村一二三产业融合的本质是产业间分工协作的关系。农村一二三产业融合是建立在技术进步和管制放松基础上分工协作演进。农村一二三产业打破原有的技术壁垒、行业壁垒、产品壁垒、市场壁垒,由一二三产业的社会大分工以及各产业内的细化分工相结合,形成新的分工协作关系。农村第一产业可以采用第二产业的工业化思维、技术和生产方式来实现农业工业化发展,依托农业机械和生物技术,实现农业生产的产业化、标准化;同时,利用第三产业的互联网思维、金融服务信用,发展农村电商,建立农产品现代流通体系。第二产业可以利用农村的资源优势,建立现代农产品深加工基地,吸收农村剩余劳动力,同时,依托邻近原料地的优势,实现产业链的前向和后向延伸;第二产业(农产品加工企业)可以利用第三产业的服务功能,依托市场供求信息,实现农产品的产销衔接。第三产业是服务业,在农村一二三产业融合中就可以发掘第一、第二产业方面的服务需要。例如,第一产业具有文化、生态功能,为此可以发展农业休闲旅游业;第二产业中的农产品加工业需要市场信息和平台以销售其产品,可以发展各种农业生产性服务业,由此衍生出各种市场中介组织,如为其提供农业互联网交易信息平台,以"互联网+农业"的模式探索,采用线上线下相结合的经营模式。由以上分析可见,农村一二三产业间互相需要、互相依存、共生发展,原有的分工格局需要彼此融合协作来完成,因此,河南省农业农村经济发展中,要协调一二三产业分工协作关系,充分发挥其在产业发展中互相促进的作用,提升河南省农村三产发展质量。

2.2.2 农业多功能性理论

  农业的多功能性是随着社会经济发展到一定阶段后被认识和强调的,尤其是生态环境和农业可持续发展越来越受到关注之后,农业逐渐被认为是一种多功能性产业。农业的多功能性是指农业除了提供农副产品外,还具有稳

---

① 马克思恩格斯全集(第23卷)[M]. 北京:人民出版社,1972.

定政治、传承文化、调节生态、涵养土地、提供农业景观等多种功能。该理论的提出突破了对农业的传统认识，赋予了农业更丰富的价值。农业多功能性研究源于日本的"稻米文化"。为了保护"稻米文化"，日本于20世纪80年代末首次提出农业的多功能性。1998年，经济合作与发展组织提出农业多功能性概念，提出农业除具有提供农产品与纤维的基本功能外，还具有塑造景观、水体保持、维护生物多样性等多种功能。农业多功能性是指农业具有经济、社会、政治、生态、文化等多方面功能（见表2-1）。这一理论的提出，也为各国保护农业生产提供了理论基础。

表2-1　　　　　　　　　　农业不同功能概括

经济功能	社会功能	政治功能	生态功能	文化功能
提供粮食、农副产品和工业原料，满足人们生活和工业发展需要，依托贸易获得经济价值	容纳劳动力就业和提供社会保障，促进社会发展，且农副产品质量直接影响人们健康、营养等社会问题	农业是经济发展基础，农副产品是国家战略储备物资，农业有利于保持社会稳定	涵养土地，改善环境，净化空气，防止自然灾害，保持生物多样性	保护文化的多样性，在人们教育、审美、休闲等方面发挥较大作用，实现人与自然和谐发展

农业除为人们提供粮食、带来经济效益外，还存在有丰富的其他功能。农业是国民经济的基础，为第二、第三产业提供了原材料，农业所提供的农产品在解决了国家粮食安全、满足了营养健康等物质需求的同时，也为5亿农民解决了就业和社会保障问题，因此，农业具有经济功能、社会功能和政治功能。农业生产保持了物种的多样性，植物生长释放碳汇，农作物花卉美化了环境，因此，农业具有生态功能。农业生产传承了中华民族传统文明，成为教育下一代重要的教育资源，因此，农业具有文化功能。农业这五大功能相互联系、相互依存，成为一个整体为社会提供丰富资源。

河南省是农业大省，有着丰富的农业资源。河南省省域面积为16.7万平方公里，其中，耕地面积为811.23万公顷，居全国第三位，占全国耕地面积的6.01%。[1] 全省有17个地级市、48个市辖区、21个县级市、89个县。其中，杞县等95个县（市）被划为河南省粮食主产县，滑县等20个县（市）被划为国家级粮食主产县。[2]

---

[1] 河南省地理概况 [EB/OL]. https：//www.henan.gov.cn/jchn/xzqh/.
[2] 河南省行政概况 [EB/OL]. https：//www.henan.gov.cn/jchn/zrdl/.

2.2.3 交易成本理论

交易成本理论是由著名英国经济学家科斯（Coase）于1937年在《论企业的性质》一文中提出。科斯认为，由于经济市场中的专业分工和市场运作，企业在生产过程中存在各种各样的成本，如搜索信息的信息成本、双方谈判中的谈判成本、签约过程中的签约成本、价格协商中的议价成本、履约监督过程中的监督成本、可能违约的处理违约成本等。这些成本都发生在双方交易过程中，被称为交易成本。而交易成本的存在势必影响交易效率和资源优化配置。科斯分析认为，这种反复发生的交易成本可以通过一种无限期的、半永久层级关系，或者通过资源整合建立一种企业性质的内部组织而降低。在科斯研究的基础上，威廉姆斯（Williamson）又进一步进行了深入研究。威廉姆斯以经济组织为主要研究对象，广泛考察了各种经济制度，分析市场经济条件下人们之间的交易活动，建立了一套完善的分析体系，丰富了交易成本理论的内容。其本人也于1990年获得诺贝尔经济学奖。威廉姆斯认为，组织之间关系、组织内部结构、组织之间和组织内部的差异等都可以通过交易成本来解释。[①] 交易成本可分为协调成本和激励成本，交易成本的存在，导致经济交易的稀缺性，市场出现了失灵，需要科学的制度安排，节约交易成本，实现资源的优化配置，从而提高经济效益。

专业分工提高了经济效率，但在分工中又带动产业之间组织的交易成本增加。而新时期河南省农村一二三产业相互融合以及产业之间的协作共赢，能够减少流通环节，节约交易成本。而资源的最优配置与重组，发挥要素的最大效用，有助于实现农村产业附加值提升，增加农业利润空间，带动农民收入的增长，促进农村经济发展。

2.2.4 产业链理论

产业链是各有关产业基于一定的技术经济关联，依托内部发展客观逻辑和产业特征建立的相互联系、互为制约、盈亏共担的链条式关联形态。产业

---

① 威廉姆斯. 企业的性质起源、演变和发展［M］. 姚海鑫，邢源源，译. 北京：商务印书馆，2007.

链的基本思想可以追溯到18世纪中后期。经济学之父亚当·斯密提出了分工理论就是产业链理论的雏形。随着经济不断发展，生产程度、分工和交易活动复杂化，由于分工而分离的不同组织通过什么样的方式进行缔结，成为日益突出的问题。企业组织结构随分工不断增加，单个企业组织难以应付复杂的经济活动，因此，搜寻一种企业组织结构以节省交易费用并进一步促进分工的潜力，相对于生产中的潜力会大大增加[①]。企业依据经济活动的具体情况，组织缔结成相互联系的产业链条，降低交易成本、提升产业价值。产业链具体包含价值链、企业链、供需链和空间链四个维度[②]。这四个维度相互联系、互为对接，在相互影响中形成相对均衡的产业链条，而四个维度在运行中又相互制约，形成能够自我调节的调控机制，产业链条自成系统，稳定发展。

农业产业链是指农业初级产品与其他相关产业的供给和需求形成网络结构，包括生产、加工、储存、流通、销售等诸多产业环节，与产前和产后服务部门形成有机整体，延长产业链长度和宽度，减少交易成本，提升产业链条价值，增加产品附加值。

农业由于其自身特性导致其比较利益偏低。而农业又是其他国民经济发展的基础，与很多产业有着千丝万缕的联系。纯粹依靠农业难以实现农业强、农民富的根本目标。农业与其他产业融合发展是突破这一难题的根本途径。新时期河南省农村三产融合发展，通过融合拉长农业产业链条，降低交易过程中的交易成本，从而带动农业高质量发展，农民也能分享利益链条上更高的利润。

2.2.5 农业经营一体化理论

经营一体化理论从企业组织经营角度分析产业链上组织的结合方式或链条形式。农业经营一体化就是农业和其他产业有效融合，实行"农、工、贸一体化""产、供、销一条龙"等综合经营方式。在此过程中，多数以龙头企业为主体，既有提供良种、农资、原材料等"向前"农业一体化，又有加工、储存、流通、销售等"向后"农业产业一体化。一体化经营，既充分利

---

① 杨光，贾旭. 中小企业产业链联盟理论 [J]. 市场研究（理论研究），2012（3）：90–91.
② 简新华. 产业经济学 [M]. 武汉：武汉大学出版社，2002.

用了市场自我调节作用，又发挥了专业协作的好处，从而扩大了生产规模，提高了产量，降低了平均生产成本。一体化内部组织相互合作，节约了交易成本，提高了产品质量，这一方面提升了农业产业效益，另一方面普通农户也能参与产业经营，获取相应的经济利润。农业经营一体化的主要模式有：(1) 种养加一体化，把种植业、养殖业、加工业按照一体化生产经营的要求，组成比较完整的产业链，通过对农产品转化、加工增值等途径，实现多次增值，开拓适销对路的产品，不断提高农业内部种养业的经济效益。(2) 贸工农一体化，以从事贸易的公司为龙头，以合同等经济手段为纽带，组织分散经营的农民结成利益共同体，开展大规模、科技含量较高的商品化生产，通过加工转化增值、开拓市场，带动农民增收、农村发展。(3) 经科教一体化，即建立科技服务龙头组织，开发名优特新产品，努力提高农产品的科技含量，把科技优势转化为经济优势，带动区域性专业化生产，促进土地经营增产增效。

新时期河南省农村一二三产业融合发展，就是通过产业一体化经营，一定程度上解决小农户与大市场的矛盾；同时，在龙头企业的带动下，拉长产业链条，发挥农业多功能价值，实现农业现代化。

2.2.6 农户行为理论

农户行为是指农户在农村经济活动和生活中进行的各种选择决策。农户行为体系可分为生产行为和消费行为。生产行为的主体包括经营投入行为、种植选择行为、资源利用行为和技术应用行为。农户行为理论是研究农户如何做出抉择、采取何种行动的理论，农户是农业生产中最基本的经济组织单位，农户行为是农户在经济活动和生活中的行为决策，这是从经济学和心理学的角度来研究理性人面对经济活动时如何做出反应的经济学说。农户是"经济人"，也是"社会人"，其多种行为包括生产行为、经营行为、购买行为、消费行为以及决策行为等都存在经济属性。在进行生产决策的过程中，农户的目标是实现成本最低化，自身利益最大化，最大限度地满足家庭需要。农户在决策时会受到主客观方面的制约和影响，主观方面，农户在选择时会受到生存和发展需求的影响，客观方面则受到外部的自然、市场以及经济环境的影响。

农户行为理论就是在自身利益最大化和市场经济原则下，在既定的资源与市场约束下所表现出来的"生产、消费、销售和流通"等方面的行为选择。国内外对于农户行为已经有很多研究,一是美国知名经济学家舒尔茨(Schurz)为代表的"形式经济学派"[①]。该学派认为,从事传统农业的农民对最大利润的追求与在一定技术和资源条件下从事生产的"资本主义企业"是相同的。农民依照价格变化配置生产要素的行为符合帕累托的最优原则,是具有最高效率的贫穷小农经济。二是以著名经济学家恰亚诺夫(Chayanov)为代表的"实体经济学派"。该学派认为农户行为不是出于理性人追求利润最大化的目的,而仅是依靠自身劳动力来满足家庭消费需求,农户寻求的更多是家庭效益最大化,为此可能做出一些违背理性人假设的行为[②]。三是以美国华裔学者黄宗智为代表的"商品小农学派"[③],该学派通过对20世纪30~70年代农业的研究,认为农户的行为同时受市场经济和农户劳动结构的制约,农户生产并不是单纯的自足经济,而是大部分农产品都是用来当作商品在市场上进行买卖,农户以此获得经济收入,市场经济动态也是影响农户经济行为的重要因素。四是以赫伯特·西蒙(Herbert Simon)为代表的经济学家们,他们分别从不同角度阐述了有限理性的假说。该学派认为,人们在做决定的过程中,寻找的往往不是"最优"或"利益最大化"的标准,而只是"满意"的标准,因此,从某种程度上讲,人们的理性是有限的。

当前,河南省农村三产融合中已形成多主体参与、优势互补的局面,但是农村三产融合的根本目的是,在提升乡村产业价值的基础上,建立资源共享、联合开发的机制,搭建多元产业交流、交汇、交融的平台,促进产业的交叉跨界发展,在当前乡村以大量小规模农户为主的产业结构下,带动小农户融入现代融合发展的现代产业体系,让广大农户分享到融合产业链上的价值增值收益,促进农民持续增收。因此,在农村三产融合过程中,要研究农户的生产决策行为,一方面,引导其积极地响应新型农业经营主体对农村三产融合的引领,使农户分享第二、第三产业融合的增值受益;另一方面,由于农村三产融合具有多功能性,再加上互联网的渗透,也促进农户作为农村产业融合的重要主体,改变原来的生产经营方式,发挥主观能动性和创新创造精神,积极主动地参与农村三产融合。

---

① 舒尔茨. 改造传统农业 [M]. 梁小民, 译. 北京: 商务印书馆, 1994.
② 恰亚诺夫. 农民经济组织 [M]. 萧正洪, 译. 北京: 中央编译出版社, 1996.
③ 黄宗智. 华北小农经济与社会变迁 [M]. 北京: 中华书局, 2000.

2.3　本章小结

本章主要对与本书研究相关的概念、理论进行梳理和归纳，通过对产业分工、产业边界、农村三产融合、农业产业化和农业"六次产业化"等概念的梳理，加深对河南省农村三产融合水平评价与驱动因素相关理论的理解、认知与论证等；通过对分工协作理论、农业多功能性理论、交易成本理论、农业经营一体化理论和农户行为理论的解读及分析，为后续相关研究奠定理论基础。

第3章 河南省农村三产融合发展现状

3.1 河南省经济发展现状

河南省地处我国中东部，地跨长江、淮河、黄河、海河四大流域，省域面积为16.7万平方公里，占全国土地面积的1.74%，其中，山区丘陵面积占全省土地总面积的44.3%。[①] 截至2019年底，河南省总人口为10 952 万人，是我国人口大省。其中，居住在乡村的人口为51 244 万人，占总人口的46.79%。[②] 全省大部分地区处于暖温带，四季分明，雨热同期，适宜多种农作物生长。近年来，河南省委、省政府高度重视农业生产，切实加大政策扶持力度。如今，河南省粮食总产已连续7年超千亿斤，实现十一年连增。国家统计局数据显示，2020年河南省粮食总产量为6 825.80 万吨，比上年增加了130.40 万吨，增长了1.9%，其中，小麦产量为3 753.13 万吨，增加了11.33 万吨，增长了0.3%。[③] 不仅解决了省内近亿人口的吃饭问题，还调出400亿斤原粮及加工制品，实现了粮食生产的可持续发展，为保障国家粮食生产安全做出了贡献。

河南省共有53个市辖区、22个县级市、83个县，合计158个县级区划。[④] 其中，滑县、固始县、永城市、唐河县、太康县、邓州市等20个县（市）被国家认定为产量超10亿斤的产量大县，这些产粮大县（市）是河南省的粮食主产区，常年粮食总产量约占河南省的20%，粮食总产量和商品量

[①] 河南省地理概况 [EB/OL]. https://www.henan.gov.cn/jchn/xzqh/.
[②] 河南省人口概况 [EB/OL]. https://www.henan.gov.cn/229549.html.
[③] 《河南统计年鉴》（2021年）。
[④] 河南省行政概况 [EB/OL]. https://www.henan.gov.cn/jchn/zrdl/.

均居河南省第一位，是全国重要的大型商品粮基地，是我国粮食生产核心中的核心区域。

3.1.1 河南省经济发展总量情况

2020年河南省生产总值为54 997.07亿元，比上年增长了1.3%。其中，第一产业增加值为5 353.74亿元，增长了2.2%；第二产业增加值为22 875.33亿元，增长了0.7%；第三产业增加值为26 768.01亿元，增长了1.6%。① 按可比价格计算比1949年增加了300多倍，年均增长率达到12%。在人口比1949年增加9 989多万的情况下，人均生产总值仍从50元增加到56 388元，增加了1 127倍。

改革开放之初的1978年，河南省GDP总量仅为162.92亿元，1991年跨上了千亿元台阶；2000年达到5 000亿元；2005年首次突破1万亿元，达10 587.42亿元；2010年突破2万亿元，达23 092.36亿元。② 2013年突破3万亿元大关，在全国的排名也由1978年的第九位上升到2013年的第五位，居中西部首位。2020年，河南省GDP总值达到54 997.07亿元，高出全国平均水平1.5个百分点，位居全国第五，但增长速度有所下降。③

从表3-1中可以看出，虽然河南省GDP增长速度很快，但河南省是人口大省，人均GDP较低，就2019年来看，在全国排第17名，与发达地区相比，差距依然很大。

表3-1　　　　1978~2019年河南省不同时期经济发展总值

年份	生产总值（亿元）	人均生产总值（元）	人均全国GDP排名
1978~1988	574.23	323.19	—
1989~1998	1 580.69	765.76	—
1999~2008	4 547.42	2 083.95	—
2009	19 480.36	3 716.7	19
2010	23 092.36	4 187.1	23

---

① 《河南统计年鉴》（2021年）。
② 历年《河南统计年鉴》。
③ 《中国统计年鉴》（2021年）。

续表

年份	生产总值（亿元）	人均生产总值（元）	人均全国GDP排名
2011	26 931.03	28 661	21
2012	29 599.31	31 499	23
2013	32 191.3	34 211	30
2014	34 938.24	37 072	22
2015	37 002.16	39 123	22
2016	40 471.79	42 575	20
2017	44 552.83	63 442	19
2018	48 055	50 152	18
2019	54 259.2	56 388	17

注：生产总值为指数数据（1952年为100，按可比价计算）。
资料来源：《河南统计年鉴》（2009~2020年各年）。

河南省现有耕地面积为12 288万亩，其中，95个产粮大县的耕地面积为10 532.04万亩，占到总耕地面积的85.71%。产粮大县2020年的粮食产量为588.25万吨，占全省粮食产量的86.1%。产粮大县为河南省乃至全国的粮食安全做出了巨大贡献。但从成本收益角度看，由于粮食比较收益偏低，粮食生产对当地财政收入贡献很小。[①] 就河南省内比较，2019年，这95个产粮大县人均生产总值为3.5万元，仅相当于其他县的61%；人均地方一般预算收入为1 806元，仅相当于其他县的38%；人均地方一般预算支出为7 717元，仅相当于其他县的67.7%。95个产粮大县中，7个粮食产量在100万吨以上的县人均支出4 351元，比非产粮大县低1 665元；25个粮食产量在60万~100万吨以上的县人均支出4 536元，比非产粮大县低1 480元；其余63个产粮大县人均支出4 891元，比非产粮大县低1 125元。[②] 产粮大县往往第一产业占比较高，第二、第三产发展滞后，且对第一产业带动不强，三产融合质量不高。而农业的低效益性导致这些县财政收入偏低。产粮大县地方政府不但没有财力进一步加强粮食生产，更无财力发展农村公共社会事业和公共服务，发展粮食生产的积极性也受到严重影响。

从表3-2中可以看出，河南省产量前20名的产粮大县的生产总值和人均生产总值不高，在省内排名都比较靠后，排名最靠前的永城市也仅仅位居

---

① 《河南统计年鉴》（2021年）。
② 河南省各产粮大县2020年政府决算报告。

第43名,在前50名中仅有永城市,95%的产粮大县排名都在50名之后,低于全省平均数。其中,有三个县(市)在100名之后,尤其是产粮排名河南省第一、连续多年荣获全国"粮食生产先进单位"的滑县,人均GDP仅34 677元,与河南省人均GDP的56 388元、全国人均GDP的70 892元相差很远。河南省产粮大县有102个,大多情况类似,农业仍是财政收入的主要来源,经济发展相对落后,第二、第三产业带动能力有待提高,三产融合质量急需提升。

表3-2　　　　　　　河南省国家级粮食主产县2019年生产总值

产粮大县	总产值（亿元）	人均产值（元）	人均省内排名	产粮大县	总产值（亿元）	人均产值（元）	省内排名
滑县	372.6	34 677	89	虞城	338.38	40 900	59
固始	409.5	37 249	71	濮阳	263.85	37 616	69
唐河	335.5	27 698	101	鹿邑	388.9	45 474	51
永城	615.79	49 654	43	西平	244.2	35 795	86
太康	298.6	2 900	100	淮阳	270.8	22 242	105
邓州	450.04	33 159	93	郸城	327.8	34 259	91
商水	300.5	34 147	90	正阳	189.5	30 378	100
上蔡	260.76	2 674	102	新蔡	272.25	32 088	96
夏邑	317.77	36 700	78	沈丘	325.54	34 891	87
息县	253.91	33 881	92	项城	370.49	38 069	65

资料来源:《河南统计年鉴》(2019年)。

3.1.2　城乡经济呈显著的二元化特点

河南省是一个农业大省,农村人口一直占有较高的比重。由于农业生产的效益较低,农民收入普遍偏低,再加上第二、第三产业不发达,农民的非农经营收入也很有限,农村城乡居民收入差距较大。

从表3-3中可以看出,河南省经济发展取得了显著成就,无论是城镇居民还是农村居民,收入水平都在不断提高,居民生活不断向小康迈进。就城镇居民而言,1980~2019年,居民可支配收入由365元增加到34 200.97元,收入增加了93倍。农村居民纯收入由1980年的160.78元增加到2019年的

15 163.74 元，收入增加了 112 倍。城乡居民都享受到了经济发展带来的实惠，尤其是农村居民收入增加更快，农村居民的生活水平不断提高。但城乡二元结构没有消失，城乡差距依然存在，甚至有拉大趋势。城镇居民可支配收入和消费支出平均是 16 797.91 元和 11 223.98 元，分别是农村居民纯收入和生活消费支出的 2.5 倍和 2.3 倍。就全国而言，2019 年城镇居民可支配收入为 42 358.8 元，农村居民纯收入为 16 020.7 元，均高于河南省。

表 3-3　　　　　1980～2019 年河南省城乡居民收支分析　　　　　单位：元

年份	城镇居民家庭人均		农村居民家庭人均	
	可支配收入	消费支出	纯收入	生活消费支出
1980	365	335.02	160.78	135.51
1985	600.59	556.72	328.78	260.19
1990	1 267.73	1 067.67	526.95	437.73
1995	3 299.46	2 673.95	1 231.97	929.39
2000	4 766.26	3 830.71	1 985.82	1 315.83
2005	8 667.97	6 038.02	2 870.58	1 891.57
2010	15 930.26	10 838.49	5 523.73	3 681.21
2011	18 194.82	12 336.47	6 604.25	4 319.95
2012	20 443.36	13 733.42	7 525.14	5 032.25
2013	22 398.03	14 821.98	8 875.34	5 627.73
2014	24 391.45	15 726.12	9 416.1	6 438.12
2015	25 575.61	17 154.3	10 852.86	7 887.45
2016	27 232.92	18 087.79	11 696.74	8 586.59
2017	29 557.86	19 422.27	12 719.18	9 211.52
2018	31 874.19	20 989.19	13 830.74	10 392.01
2019	34 200.97	21 971.6	15 163.74	11 545.99

资料来源：《河南六十年：1949-2009》以及《河南统计年鉴》（2011～2020 年各年）。

3.1.3　产业结构发展情况

河南省是农业大省，农业一直处于重要地位。但是随着国民经济的不断发展，河南省的产业结构也在发生变化。从表 3-4 中可以看出，第一产业比重稳步下降，从 1952 年的 62.2% 下降到 2019 年的 8.5%，下降了 47 个百分点；第二产业逐渐上升，从 1952 年的 22.8% 上升到 2019 年的 43.5%，上升了 20 个百分点，工业主导地位明显，带动作用不断加强，但近些年来，其上升速度逐渐变缓，高科技和高附加值产品相对较少；第三产业比重总体上升，但中间有波动，尤其是 2003 年之后，所占比重呈下降趋势，产业发展基本处于停滞状态。2009 年之后，三产所占比重逐年上升，2019 年达到 48%。这说明河南省新型城镇化、工业化和农业现代化的推进效果已经显现出来，"三化"协调发展的模式已初见端倪，全省的产业结构和经济结构正在逐步优化。

表 3-4　　　　　　1952~2019 年河南省"三产"结构情况　　　　　单位:%

年份	河南省总产值	第一产业	第二产业	第三产业
1952	100	62.2	22.8	15
1978	100	39.8	42.6	17.6
1998	100	24.9	45	30.1
2002	100	21.3	45.9	32.8
2007	100	14.5	53.3	32.1
2008	100	14.5	54.8	30.7
2009	100	13.9	53.8	32.3
2010	100	12.7	53.7	32.5
2011	100	12.4	53.3	34
2012	100	12.7	51.9	35.7
2013	100	12.1	50.6	37.3
2014	100	11.5	49.6	38.9
2015	100	10.8	48.4	40.8
2016	100	10.1	47.2	42.7
2017	100	9.2	46.7	44
2018	100	8.6	44.1	47.2
2019	100	8.5	43.5	48

资料来源：历年《河南统计年鉴》。

但也看到虽然河南省三产结构越加合理，但第三产业层次低，新型服务业所占比例很低。河南省产业结构发展虽然符合产业发展规律，但由于基础差、底子薄，与全国平均水平以及发达省份相比，发展较为落后。2019 年，第一产业比重高出全国平均水平 4.7 个百分点，第一产业对耕地的占用对第二、第三产业有挤出效应,限制了第二、第三产业的发展,第三产业低于全国平均水平11.4个百分点。与同是农业大省的山东省相比,第一产业高出1.2个百分点,第三产业低了5.6个百分点。河南省三产结构仍有较大改善空间。

3.1.4 粮食生产情况

河南省是我国13个粮食主产区之一,是我国粮食生产核心区域。河南省粮食产量连续4年超过1 300亿斤,产能再上新台阶,在解决一亿人口吃饭的同时,每年调出600亿斤原粮及其加工制成品,保障全国粮食安全。表3-5显示,2000年以来全国粮食播种面积和产量都有一定波动。2004年以前播种面积一直呈下降趋势,从2000年的10 846.3万公顷下降到2003年的9 941万公顷,减少幅度达8.3%。同期河南省也有一定波动,但波动幅度较小,除个别年份下降外,河南省粮食播种面积呈小幅上升趋势。2004年至今,河南省粮食播种面积一直增加,占全国比重都在8%以上,而2015年之后,占比超过了10%。从粮食产量看,除2001年和2003年外,河南省粮食产量都在不断增加,占全国粮食产量比重也在8%以上,最高达到10.3%。河南省用占全国1.74%的土地养活了占全国7.5%的人口,一年生产的小麦,就可供全国人民吃上近3个半月。[①] 由此可见,河南省是农业大省,农业基础雄厚,各地市也需要通过三产融合带动农业发展。

表3-5　　　2000~2019年全国和河南省粮食种植面积和产量情况

年份	全国 面积(万公顷)	河南 面积(万公顷)	比重(%)	全国 产量(万吨)	河南 产量(万吨)	比重(%)
2000	10 846.3	902.96	8.33	46 217.5	4 101.5	8.87
2001	10 608	882.279	8.32	45 263.7	4 119.88	9.1
2002	10 389.1	897.51	8.64	45 705.8	4 209.98	9.21
2003	9 941	892.33	8.98	43 069.5	3 569.47	8.29
2004	10 160.6	897.007	8.83	46 946.9	4 260	9.07
2005	10 427.8	915.34	8.78	48 402.2	4 285	8.85

---

① 陈苗,杜君.中原儿女打造的"中国粮仓"——粮食生产核心区建设系列述评之二[N].河南日报,2013-09-13.

续表

年份	全国 面积（万公顷）	河南 面积（万公顷）	比重（%）	全国 产量（万吨）	河南 产量（万吨）	比重（%）
2006	10 495.8	945.58	9.01	49 804.2	5 112.3	10.3
2007	10 563.8	946.803	8.96	50 160.3	5 245.22	10.5
2008	10 679.3	960	8.99	52 870.9	5 365.48	10.1
2009	10 898.6	968.361	8.885	53 082.1	5 389	10.2
2010	10 987.6	974.017	8.87	54 647.7	5 437.1	9.95
2011	11 057.3	985.987	8.92	57 120.8	5 542.5	9.7
2012	11 120.5	998.515	8.98	58 958	5 638.6	9.56
2013	11 195.6	1 008.181	9.01	60 193.8	5 713.69	9.49
2014	11 272.3	1 020.982	9.06	60 702.6	5 772.3	9.51
2015	11 896.3	1 487.973	12.51	66 060.3	6 470.22	9.79
2016	11 923	1 490.272	12.50	66 043.5	6 498.01	9.84
2017	11 798.9	1 473.253	12.49	66 160.7	6 524.25	9.86
2018	11 703.8	1 476.906	12.66	65 789.2	6 648.91	10.11
2019	11 606.4	1 467.643	12.65	66 384.3	6 695.36	10.09

资料来源：历年《中国统计年鉴》和《河南统计年鉴》。

3.2 河南省农村三产融合的环境基础

3.2.1 政策环境

我国对"三农"问题一直都高度重视，为了促进农村经济发展和农民持续增收，2015年中央一号文件正式提出要实施农村一二三产业融合，推动农村产业结构转型升级，加快农业现代化发展进程。河南省积极响应国家要求，河南省人民政府办公厅迅速印发了《关于加快农村一二三产业融合发展的实施意见》（以下简称《意见》），提出要发展多类型农村产业融合方式，拓展农业多种功能；要调整优化农业结构，加快以食品工业为主的农产品加工业发展，引导产业集聚集约发展，延伸农业产业链，实施都市生态农业发展工程，大力发展休闲农业和乡村旅游；在中原城市群城市建设1小时都市生态农业圈，重点发展会展农业、创意农业、设施农业等高效农业。为了解决农村产业融合实践中出现的资金需求问题，《意见》提出对现代农业示范园区、休闲农业示范村（点）基础设施建设和新型经营主体培训等产业融合类项目提供财政补贴，对各类农产品加工龙头企业、合作社等农村产业融合型新型经营主体的设施设备改造、品牌打造、技术更新、冷链物流、市场开拓、电子商务等项目提供贷款贴息。为了保证农村产业融合中的土地供给，《意见》要求规范农业农村发展用地，通过盘活农村存量建设用地和优化农村建设用地的空间布局等方式，扩大休闲农业和乡村旅游建设用地的来源渠道。[①] 2019 年河南省自然资源厅、河南省农业农村厅印发了《关于改进农业设施用地管理促进农业现代化发展的通知》，要求各地市要保障农业设施用地需求，合理布局设施农业用地，加大设施农业用地支持力度。[②] 为了保障农村产业融的主体支撑，河南省人民政府发布了《关于支持返乡下乡人员创业创新促进农村一二三产业融合发展的实施意见》，要求加强农村一二三产业融合人才队伍建设，加速融合主体培育。[③] 河南省农业农村厅、河南省财政厅印发了《关于河南省省级现代农业产业园建设工作方案（2019—2022 年）》。现代农业产业园是围绕当地优势特色农业，以规模化种养为基础，以产业兴旺和农民增收为目标，集聚现代生产要素和经营主体，进行"生产＋加工＋科技＋营销"全产业链开发，创新体制机制，实现绿色发展和一二三产业融合发展，有明确的地理界线和区域范围，建设水平领先的现代农业发展平台。[④] 河南省财政厅印发了《河南省支持新型经营主体发展的若干财政政策措施》，指出财政支持新型农业经营主体发展要坚持以科学发展观为指导，以促进农业可持续发展、加快农业发展方式转变、提升农产品质量和效益为核心，以促进农民持续增收为主线，以推动支农项目对接新型农业经营主体为手段，不断提高新型农业经营主体的规模化、集约化、规范化水平，实现农业生产要素集聚、产业结构优化、产品品质提高；通过各级财政的大力支持，培养

[①] 河南省人民政府网站.关于推进农村一二三产业融合发展的实施意见 [EB/OL]. http：//www.henan.gov.cn/.

[②] 河南省自然资源厅，河南省农业农村厅.关于改进农业设施用地管理促进农业现代化发展的通知 [EB/OL]. http：//www.henan.gov.cn/.

[③] 河南省人民政府.关于支持返乡下乡人员创业创新促进农村一二三产业融合发展的实施意见 [EB/OL]. http：//www.henan.gov.cn/.

[④] 河南省农业农村厅，河南省财政厅.关于河南省省级现代农业产业园建设工作方案（2019—2022 年）[EB/OL]. http：//www.henan.gov.cn/.

一批经营规模大、运作机制新、产业基础牢、带动能力强、产品质量优、经营管理好的新型农业经营主体,做到"扶持一个组织、壮大一项产业、增强一地经济、富裕一方农民"。[①] 根据国家和河南省人民政府对农村产业融合的意见和要求,各地市也发布了适应各地区的政策支持和指导意见,为河南省农村产业融合提供了良好的政策环境。

3.2.2 产业基础

如表3-6所示,从总体来看,河南省2019年农林牧渔业总产值为8 541.77亿元,比2011年的6 055.54亿元增长了41.06%;2019年农业产值为5 408.59亿元,比2011年的3 553.25亿元增长了52.213%;2019年林业产值为140.76亿元,比2011年的127.32亿元增长了10.55%;2019年牧业产值为2 316.5亿元,比2011年的2 088.14亿元增长了10.94%;2019年渔业产值为118.16亿元,比2011年的66.23亿元增长了78.41%;2019年农林牧渔服务业产值为557.76亿元,比2011年的220.5亿元增长了152.95%。可以看出,各项产值都呈现增长趋势,但增长幅度最大的是农林牧渔服务业和农业。农业依然是河南省的主要产业,农业农村服务业发展迅速,所占比重持续上升。

表3-6　　　　2011~2019年河南省农林牧渔业产值情况　　　　单位:亿元

年份	农林牧渔业总产值	农业	林业	牧业	渔业	农林牧渔服务业
2011	6 055.54	3 553.25	127.32	2 088.14	66.23	220.5
2012	6 473.7	3 897.46	140.85	2 120.56	77.59	237.23
2013	6 938.24	4 126.25	152.35	2 313.49	82.5	263.64
2014	7 244.34	4 399.17	152.4	2 307.23	91.07	294.46
2015	7 299.58	4 503.71	134.8	2 229.01	105.2	327.37
2016	7 405.42	4 459.29	121.28	2 355.99	107.27	361.59
2017	7 562.53	4 552.68	128.88	2 368.92	107.79	404.26
2018	7 757.94	4 825.97	136.98	2 210.88	119.28	464.83
2019	8 541.77	5 408.59	140.76	2 316.5	118.16	557.76

资料来源:《河南统计年鉴》(2011~2019年各年)。

---

① 河南省财政厅网站. 河南省支持新型经营主体发展的若干财政政策措施 [EB/OL]. http://www.henan.gov.cn/.

如表3-7所示，从区域分布来看，2013~2019年，除少数年份外，河南省各地市农林牧渔业总产值持续增加。在这7年中，南阳市的农林牧渔业产值一直是全省最高的，农业发展基础最好；其次是信阳、周口、驻马店和商丘四市，尤其是周口在2013年以前超过了南阳，这些地区农业基础雄厚；相对而言，鹤壁、三门峡、郑州由于地理位置或发展重心不同，农业基础最为薄弱。从历年发展来看，除主城区近两年来农林牧渔总产值有所回落外，其他地区自2013年以来均呈增长趋势。

表3-7　　2013~2019年河南省各地市农林牧渔业总产值情况　　单位：亿元

地区	2013年	2014年	2015年	2016年	2017年	2018年	2019年
郑州市	263.35	269.88	276.58	285.16	263.08	241.3	234.56
开封市	512.51	521.18	539.15	549.2	535.21	522.81	601.95
洛阳市	430.92	432.51	440.84	438.54	411.8	442.44	466.81
平顶山市	290.27	305.21	308.67	327.12	310.84	304.83	330.12
安阳市	346.36	367.1	367.45	385.04	354.79	358.4	367.39
鹤壁市	111.53	120.35	118.02	118.95	113.42	116.54	121
新乡市	367.72	387.96	387.26	387.18	378.56	384.71	428.76
焦作市	233.83	246.18	247.68	253.48	248.33	252.18	280.84
濮阳市	262.82	279.52	282.33	290.63	291.4	313.61	364.71
许昌市	328.98	336.4	310.3	289.71	267.06	266.57	295.72
漯河市	188.74	194.22	190.01	204.5	197.91	199.98	240.93
三门峡市	171.99	193.23	205.46	214.61	208.03	207.41	245.67
南阳市	770.23	818.37	875.32	903.42	905.08	922.74	1012.15
商丘市	608.52	674.76	679.28	686.16	662.68	681.15	771.37
信阳市	723.85	758.82	797.38	816.29	799.23	824.52	945.51
周口市	798.6	826.88	839.72	848.45	838.12	847.53	926.16
驻马店市	691.25	721.81	739.17	762	744.51	765.39	867.14
济源市	36.02	36.76	36.77	39.45	32.27	32.19	40.98

资料来源：《河南统计年鉴》（2013~2019年各年）。

如表3-8所示，从农林牧渔业内部结构看，河南省农林牧渔产值结构由2011年的57.89∶2.04∶35.35∶1.17∶3.55变为2019年的63.33∶1.65∶27.12∶1.38∶6.53，农业和农林牧渔服务业产值占比都有所提升，农业产值占比从57.89%上升为63.33%，农林牧渔服务业产值占比从3.55%提高到

6.53%。农业所占比重最高,且不断上升,说明河南农业基础较好。农林牧渔服务业产值占比的提升,说明农村产业发展开始重视与服务业的融合。

表3-8　　　2011~2019年河南省农林牧渔业产值结构情况　　　单位:%

年份	农业	林业	牧业	渔业	农林牧渔服务业
2011	57.89	2.04	35.35	1.17	3.55
2012	59.28	2.11	33.77	1.29	3.55
2013	58.38	2.11	34.54	1.31	3.66
2014	59.5	2.02	33.18	1.39	3.91
2015	60.34	1.76	32	1.62	4.28
2016	58.68	1.55	33.48	1.65	4.64
2017	60.2	1.70	31.32	1.43	5.351
2018	62.2	1.77	28.49	1.54	5.99
2019	63.33	1.65	27.12	1.38	6.53

资料来源:《河南统计年鉴》(2011~2019年各年)。

3.2.3　一般性设施基础

3.2.3.1　交通发展

交通方面基础设施普及率较高。截至2020年底,河南全省农村公路总里程达22.3万公里。[①]"十三五"期间,河南省新改建农村公路6.2万公里,实现所有的乡镇和建制村通硬化路,河南省19.9万个自然村通硬化路率由2015年底的55%提高到89%,以县城为中心、乡镇为节点、村组为网点,"外通内联、通村畅乡"的农村公路网络基本形成。全省创建农村公路文明示范路7 200公里、美丽农村路12条共214.6公里,林州市"林石公路"荣获2019年度全国十大最美农村路。[②]

3.2.3.2　通信和物流发展

河南省电信业迅猛发展,不仅有效地促进了地方经济的快速增长,更提

---

① 河南省交通概况[EB/OL]. https://www.henan.gov.cn/2011/03-04/260824.html.
② 《2020年河南省国民经济和社会发展统计公报》。

升了人民群众尤其是农村百姓的生活质量。2021年河南省计划新建5G基站5万个，5G基站规模累计超过9.5万个，实现乡镇、农村热点区域全覆盖。随着电子商务的不断发展，物流配送成为物品传输的主要方式。目前，全省农村客运线路达到4 495条，运营总里程29.4万公里，城乡客运覆盖100%的乡镇和建制村，市到县、县到乡、乡到村和县城公交的四级客运网络基本建成。全省投入运营农村物流中心50余个、乡镇物流节点129个，"县县有分拨、乡乡有网点、村村通快递"的目标基本实现。①

3.2.3.3 互联网设施

随着"宽带中原"战略的深入实施，河南省互联网基础设施更加完善，光缆线路总长度达到102.9万公里，居全国第5位，同比增长21%；省际出口带宽达到4 395G，同比增长48.7%；宽带接入端口总数达到2 051万个，居全国第7位，同比增长17.5%；移动电话基站数达到17.6万个，居全国第5位，同比增长39.7%；域名总数为63.3万个，占全国域名总数的3.1%，居全国第10位；备案网站数为16.9万个，居全国第8位，同比增长8.3%。②

《2021年河南省互联网发展报告》显示，截至2020年底，河南省网民总数达到8 836.5万人，互联网普及率达到91.7%。互联网用户总数达到1.18亿户，其中，宽带接入用户数达到3 090.9万户，移动互联网用户数达到8 748.7万户。宽带接入端口总数达到4 934.5万个，移动电话基站总数达到49.4万个。郑州国家级互联网骨干直联点总带宽达到1 360G。互联网应用保持良好发展态势，即时通信、网络视频、网络新闻用户数分别达到8 687万户、7 992.6万户、7 810.5万户，渗透率分别达到99.3%、91.4%和89.3%，上网企业总数达到10.8万家，互联网业务经营单位总数达到4 912家。河南电信农村100M、200M以上带宽用户占比分别达到90%、54%以上，用户流量持续增长，年均增长150%以上。

交通的便利、互联网的普及、电子商务配送点以及乡村旅游接待点的建设都为农村一二三产业融合发展提供了良好的设施基础。

---

① 《2021年河南省数字经济发展工作方案》。
② 沈彤. 2020年河南电信业务总量、业务收入分居全国第4、第5位 [EB/OL]. https://www.zyjjw.cn/. 2021-1-26.

3.2.4 "互联网+农业"发展基础

在农村一二三产业融合发展这项战略布局中,"互联网+农业"因其天然的数字化优势,通过加工业联动上下游两端,可加快将农业产业发展成为从农田到餐桌的全产业链模式,促进农业农村现代化发展。"互联网+农业"是减少产业中间环节、降低流通成本行之有效的方法。河南省农村电商发展迅猛,为三产融合的更好发展奠定了基础,做出了示范,也让原本割裂的一二三产业实现了有机融合。

3.2.4.1 河南省农业网站基本概况

目前,随着河南省农村网民数量的增加,涉农网站也随之增加,基本上涵盖了农业的各个领域。农业网站的兴起,对于引导农业产业结构调整、提升农业信息的共享、促进农产品的流通等方面都具有重要的作用。本书将农业网站分为政府部门农业网站、农业信息发布与交易平台、农业龙头企业网站、农产品网站以及涉农科教类网站。

(1) 政府部门农业网站。在省级政府部门层面,有7个涉及农业类的省级政府部门网站,主要具有涉农信息发布、农业技术指导、发布政策法规及电子政务等功能,具体情况如表3-9所示。

表3-9　　　　　　　　河南省政府部门农业网站情况

网站名称	主办单位	主要功能及特点
中原三农网	12个单位联办	以信息发布、知识共享为主要功能的网站,提供新闻民生、现代农业、城乡消费、文化生活等信息,属于综合型的信息类网站
河南农业信息网	河南省农业厅	以电子政务、农业技术支持、农产品信息发布为主要功能的网站,提供丰富的河南省农业新闻资讯、政务信息等,开设有12316"三农"热线(提供农业技术支持与指导)、监控地市批发市场农产品价格等特色功能,并链接有农业厅15处室的信息类网站以及河南省管辖的18个省辖市的农业信息网

续表

网站名称	主办单位	主要功能及特点
河南省畜牧业信息港	河南省畜牧局	以电子政务、畜牧信息、供求信息为主要功能的网站,提供丰富的畜牧行业信息、供求信息等,并具有专家在线、视频直播、畜牧数据中心等特色功能
中共河南省委农村工作办公室网站	中共河南省委农村工作办公室	以电子政务为主要功能的网站,提供"三农"方面的新闻资讯、工作动态、政策法规等方面的信息
河南省林业厅网站	河南省林业厅	以电子政务为主要功能的网站,提供与林业相关的行政审批功能,并具有在线服务功能
河南省粮食局网站	河南省粮食局	以电子政务为主要功能的网站,提供与粮食相关的法规、政策文件等信息,并具有信息公开查询等功能
河南农机信息网	河南省农业机械管理局	以电子政务类为主要功能的网站,提供与农机相关的政策信息、补贴信息、安全生产信息等

资料来源:根据相关网站资料整理。

在河南省所管辖的18个省辖市中,每个省辖市的农业局、畜牧局、林业局、粮食局都具有电子政务功能的部门网站,信息更新速度较快,服务于当地的农业经济与农村发展。

(2)农业信息发布与交易平台。农业信息发布与交易平台是由第三方主办的,具有相应需求的农产品供应商与采购商在平台上发布相应信息,交易平台负责协调其供求关系,促成双方达成交易。在现阶段,对于一些单价相对较低、不便于运输的农产品,如粮食作物,往往采用"线上发布信息,线下交易"的模式。

以"中国农业网站排行"所提供的数据为依据,从收录的网站中,通过查看网站首页底部 ICP 证是否为"豫"以确定所在区域是否在河南,发现"中国农业网站排行"上共收录619个网站,归属于河南的农业信息发布与交易平台共有23个,在排名上,位于前列的分别为中华粮网、河南农业网、鸡病专业网、议园养殖网、中国畜牧养殖、中国农资网。这些平台主要针对企业客户提供行业的新闻与资讯、发布供求信息、进行企业宣传与网络品牌塑造,目前暂时未进入全电子商务层次。

(3)农业龙头企业网站。农业产业化龙头企业是发展现代农业的骨干力量,是发展农业产业化集群的重要载体,对提高农业组织化程度、加快转变农业发展方式、促进现代农业建设和农民就业与增收具有重要作用。截至

2020年，河南省现有农业产业化省重点龙头企业893家。农业农村部2019年所公布的农业产业化国家重点龙头企业中，河南共有76家上榜，占全国比例的8.51%。

项目组针对76家农业产业化国家重点龙头企业的网站进行检索，并对其进行评价分级。76家企业全部都有自己的网站，另外，29家企业还在阿里巴巴、中国供应商、世界工厂网以及河南食品网等第三方平台上拥有简单的企业主页。通过归纳总结，对于拥有企业网站的农业龙头企业，其网站主要功能可以归纳如表3-10所示。

表3-10　　　　　　　　　　河南省农业企业网站功能

功能	具体内容
企业简介	企业概况、企业文化、经营理念与范围、人才队伍、设备体系、产品资质
产品宣传	产品介绍、产品推荐、产品目录、产品检索
在线订购	在线留言、在线询价、在线购买、在线订单
网上合作	投资者关系、网上加盟、网上需求发布、网上采购招标
在线服务	产品资料下载、在线咨询与投诉、信息反馈、呼叫中心
人才招聘	招聘信息、招贤纳士、人才引进

资料来源：根据企业网站资料整理。

3.2.4.2　河南省专业村的发展现状

专业村数量稳步增长，产业特色逐步提升。截至2019年底，河南省共有行政村46 831个，全省共有94个村镇获得全国"一村一品"示范村镇称号。河南省的专业村以农业专业村为主，其次为工业、服务业专业村。河南省农特产品类众多，为专业村的形成奠定了产业基础，如新郑红枣、信阳毛尖、原阳大米、四大怀药、开封西瓜、中牟大蒜、洛阳牡丹、灵宝苹果、驻马店小磨香油、西峡猕猴桃、永城辣椒、淮阳黄花菜等多个品种。

3.2.4.3　河南省农村电商发展情况

农村电子商务推动了河南省农村经济的快速发展。截至2019年底，河南省电子商务交易额、网络零售销售额年均增长29%以上，分别达到1.9万亿元和4 045亿元，其中，农村实现电子商务交易991亿元，网络零售额442亿元。① 河南省共有 95 个电子商务进农村综合示范县，其中，国家级的共 53 个，省级的共 42 个，累计电子商务交易额 1 422 亿元，新增网店 53 868 个，人员培训 40.3 万人次，就业人员达到 20 万人。② 阿里、京东、苏宁、一亩田等平台相继在河南农村电商市场布局，光山模式、博爱模式等在国内颇具知名度，各地涌现出一大批通过电商创业的典型农民代表。

3.2.4.4 河南省淘宝村发展情况

淘宝村快速增长，并呈现集聚特征。阿里研究所发布的中国淘宝村数据分析显示，2014 年河南省淘宝村的数量仅为 1 个，2019 年发展到 75 个，淘宝镇为 44 个，淘宝村数量居于中西部省份之首，并实现了淘宝镇的零突破。河南省部分淘宝村及主营产品如表 3-11 所示。河南省现有的 75 个淘宝村经营的产品以轻工业品居多，农副产品较少，主要借助传统产业基础发展而成。

表 3-11　　　　　　　　河南省淘宝村及主营产品（部分）

市	区县	镇	村	主营产品
安阳市	滑县	慈周寨镇	孙白社	电动车挡风被
安阳市	滑县	高平镇	河门头村	齿科材料
安阳市	滑县	万古镇	把里村	齿科材料
焦作市	孟州市	南庄镇	桑坡村	鞋、家电
洛阳市	洛龙区	关林镇	五郎庙村	服装
洛阳市	洛龙区	关林镇	皂角树村	五金
洛阳市	洛龙区	李村镇	武屯村	钢制家具
洛阳市	洛龙区	庞村镇	白草坡村	钢制家具
洛阳市	洛龙区	庞村镇	掘山村	钢制家具
洛阳市	洛龙区	庞村镇	西庞村	钢制家具
洛阳市	孟津县	平乐镇	平乐村	牡丹画
洛阳市	偃师市	缑氏镇	马屯村	大鼓
漯河市	临颍县	城关镇	南街村	食品

---

① 《2020 年全国县域数字农业电子商务发展报告》。
② 《2020 年河南省互联网发展报告》。

续表

市	区县	镇	村	主营产品
南阳市	卧龙区	七里园乡	白塔村	花木
南阳市	卧龙区	七里园乡	达士营村	林果
南阳市	西峡县	双龙镇	双龙村	香菇
南阳市	镇平县	石佛寺镇	贺庄村	玉
南阳市	镇平县	石佛寺镇	石佛寺村	玉
商丘市	夏邑县	何营乡	王营村	枣夹核桃
新乡市	卫滨区	平原乡	八里营村	服装
新乡市	卫辉市	孙杏村镇	堡上村	保健药品
新乡市	长垣县	樊相镇	张辛店村	卫生材料
许昌市	建安区	灵井镇	郭店村	社火戏服
许昌市	建安区	灵井镇	霍庄村	社火戏服
许昌市	长葛市	大周镇	和尚杨村	蜂机具、蜂产品
许昌市	长葛市	大周镇	双庙李村	蜂机具、蜂产品
许昌市	长葛市	官亭乡	岗李村	蜂机具、蜂产品
许昌市	长葛市	官亭乡	尚庄村	蜂机具、蜂产品
郑州市	惠济区	花园口镇	八堡村	反季节蔬菜
郑州市	新郑市	龙湖镇	柏树刘村	水果
郑州市	新郑市	龙湖镇	东徐村	林果（樱桃）
郑州市	新郑市	龙湖镇	侯庄村	服装
郑州市	新郑市	龙湖镇	于寨村	机械配件
郑州市	荥阳市	高村乡	高村	河阴石榴

资料来源：根据政府网站相关资料整理。

3.3 河南省农村三产融合情况

河南省是传统农业大省，全省常住总人口为 9 559 万人，其中，农村人口为 4 764 万人，约占总人口的 49.84%。农村地区面积大，各地市农业资源禀赋、农业生态环境、农业现代化状况、农民收入水平等都存在较大差异，各地推动农村产业融合发展面临的基础条件有很大不同。因此，各地市在推动农村三产融合发展中，立足地方资源优势，因地制宜地探索不同产业融合模式。

3.3.1 基于产业整合的农业内部融合模式

产业整合主要依托农业优势资源，发挥农业组织主体作用，把农、林、牧、渔业有机地结合起来，实现农业内部协调和循环发展。河南省是传统农业大省，种植业、畜牧业具有悠久的历史，粮食总产量、畜牧业总产值均居全国首位。随着农业供给侧结构性改革的不断深化，河南省各地市对农业产业化、多元化经营以及产业内融合发展进行了不断的探索和尝试，改变过去传统农业中"资源—产品—废物"的单向物质流动方式，在农业内部融合中重点推广"资源—产品—废物—再生资源"的高效、生态、循环的发展模式，实现农业内部紧密协作、联动发展的新格局，在提高农业经济效应的同时，确保了农业可持续发展。

河南省农业内部产业融合主要表现在畜牧业和养殖业（见图3-1）。在畜牧业发展上，河南省一方面积极与国内外知名企业如美国谢福公司、中粮集团、科尔沁集团、皓月集团等合作，另一方面积极引进优良品种，发展龙头企业、家庭农场、合作社等新型农业组织，培养饲料养殖基地，带动河南省饲料加工业发展。2020年，河南省猪牛羊禽肉总产量538.21万吨。其中，猪肉产量324.80万吨，下降了5.7%；牛肉产量36.71万吨，增长了1.4%；羊肉产量28.64万吨，增长了1.9%；禽肉产量148.05万吨，增长了1.9%。禽蛋产量449.42万吨，增长了1.6%。牛奶产量210.05万吨，增长了2.9%。年末生猪存栏3 886.98万头，增长了22.6%；生猪出栏4 311.12万头，下降了4.2%。[①] 在养殖业上，河南省发挥林业资源优势，近五年投入专项补助资金2 900余万元，扶持建设林下经济示范基地201个，林下经济面积发展到2 554万亩，年产值达432.2亿元，培养了新密金银花、济源冬凌草、栾川连翘、林州太行菊等一批绿色农产品品牌，这些农产品不仅在国内畅销，而且还走出了国门，受到国外消费者欢迎。在设施农业方面，三代日光温室占地面积已达1.404万公顷，新型塑料大棚面积已达5.398万公顷，渔业养殖用房面积已达253.77公顷。[②] 设施农业主要发展花卉、蔬菜、食用菌、养殖等方面，不仅丰富了人们的餐桌，也为农民增收开辟了新的途径，

---

① 《2020年河南省国民经济和社会发展统计公报》。
② 王飞宇. 河南省按下国土绿化"快进键" [EB/OL]. www.henan.gov.cn/.

同时又带动了河南省农业种植和加工产业的发展壮大。

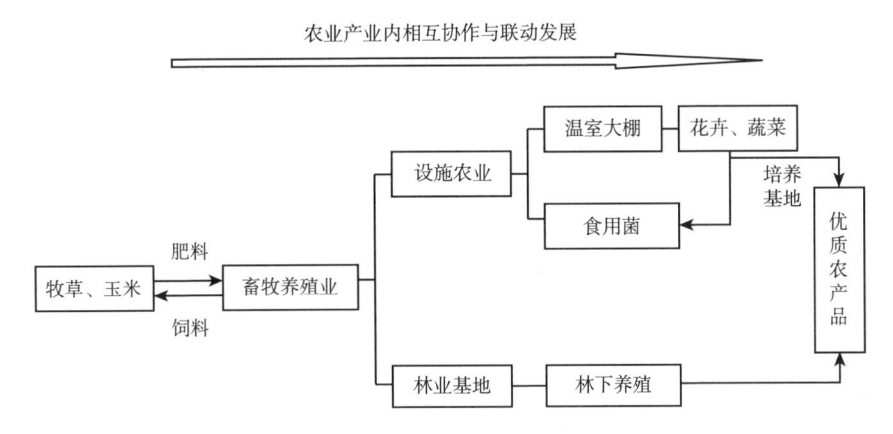

图 3-1　河南省农村产业整合融合模式

3.3.2　基于产业链延伸的三产融合模式

产业链延伸是从农业单一产业向纵向延伸，把加工、物流、销售、服务融为一体，旨在降低交易费用的同时，拉长产业链条，提高产业价值链，增加农业经济效益。河南省农业产业链延伸的融合模式多是由单一龙头企业主导，整合农业资源，逐渐形成"农业企业＋农户""农业企业＋家庭农场""农业企业＋合作社＋农户"等包含全产业链的农业产业化经营模式（见图3-2），通过产业链多维度开发，支持农产品精、深加工，带动农户发展优质小麦种植、肉牛肉羊养殖、饲料种植等产业，增加了农民收入。据统计，河南省现有各级农业龙头企业6 529家，规模以上食品加工企业3 410家。龙头企业利用其在资金、技术、管理、人才上的优势，依托河南省优质小麦和畜牧资源，建设加工基地，发展物流、商贸等上下游产业，开展全产业链服务，增加产业链增值能力，带动农民增收。河南省饼干、速冻面粉食品、方便面产量均居全国第一位，冷鲜肉产量位居全国第三位。另外，河南省还先后培育了517个农业产业集聚区，搭建了50个农业科技园区平台，其中，国家科技园区13个，省级科技园区37个。聚集区和科技园区把农资业、种养业、加工业、物流业和销售业等连接起来，初步形成农业与第二、第三产业融合发展的产业链条，带动整个农业现代化发展。

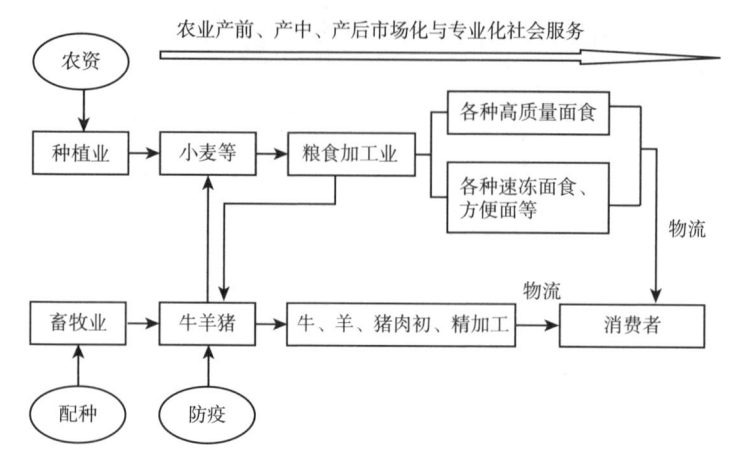

图 3-2 河南省农村产业链延伸融合模式

3.3.3 基于产业交叉的三产融合模式

产业交叉融合主要是在农业正常经营基础上，发挥农业的多功能性，挖掘农业旅游、文化、生态、教育、养老等价值，发展农业休闲娱乐、生态旅游、传统文化教育、养老服务等产业，实现农业横向产业融合发展，创造新的利润空间。中原农耕文化是中国农耕文化重要发源地，是中国农业文化的基础。近些年，河南省各地先后建设了中牟民间农耕文化馆、蔡家镇农耕文化博物馆等，吸引人们参观，有助于人们了解和传承农耕文化。在"能人"带动下，各地区农村依托当地特色资源，打造"农家乐旅游+农业观光+生态旅游""农事体验+休闲娱乐""古镇景区+休闲旅游"等一体化农业特色旅游项目，满足居民回归自然、享受恬静、安逸生活的需求（见图 3-3）。据统计，河南省 1 315 个村开展了农村旅游服务，涌现出一批"休闲农庄""农家乐""美丽乡村"等具有影响力的农村旅游品牌。2018 年 11 月，河南省成功举办首届河南休闲农业和乡村旅游产业博览会，推介河南农村旅游资源，助力河南休闲农业和乡村旅游产业行稳致远。《河南省乡村振兴战略规划（2018-2022 年）》中还提出，到 2022 年将打造 100 个以上乡村旅游集中片区、400 个乡村旅游特色村，建设 60 个以上乡村康养基地、30 个以上乡村旅游创客示范基地。

乡村旅游业不仅带动了农村服务业发展，还推动了产业农村基础设施建

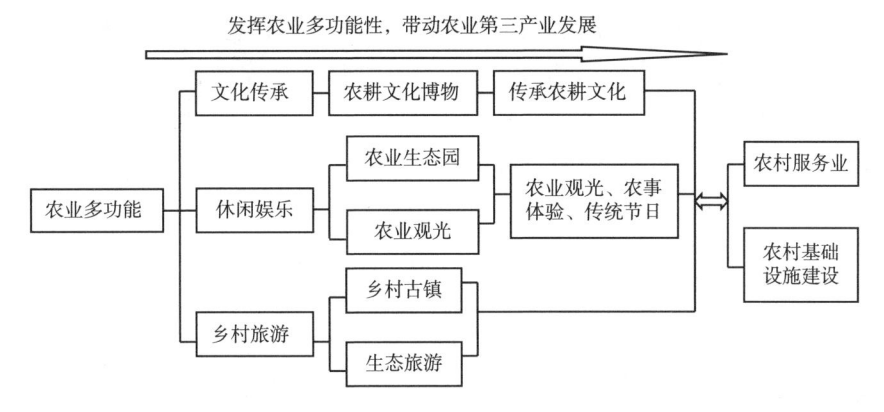

图 3-3 河南省农村产业交叉融合模式

设。为开发乡村旅游资源，河南省各级政府加大特色农村基础建设投资力度，逐步完成了通道绿化、村村通、旅游通道等工程，实现了水、电、气、网入户；同时，还建设了汽车站、购物游乐中心、宾馆聚集中心、垃圾处理中心等。截至 2020 年末，河南省各地自然村通硬化路率达到 89%，96% 的建制村实现直达或一次中转到达县城，所有乡镇距高速入口不足 20 公里，全省 100M 以上宽带接入用户占比为 99.1%，85% 以上的县市建成了城乡一体化保洁机制，90% 的行政村生活垃圾得到有效治理。[①] 这些改变增强了乡村服务接待能力，提升了乡村旅游内涵。

3.3.4 基于技术渗透的三产融合模式

技术渗透是在农业生产、加工、运输、贸易等环节，利用互联网、物联网、大数据等现代高端信息技术和生物技术，发展科技农业、"互联网+农业"等，不但推动农业科技发展和农业体系产业创新升级，提高农业产量和质量，而且通过农业信息化实现各环节的无缝对接，打破传统农业时间、空间限制，缩短农产品从田间到餐桌距离（见图 3-4）。河南省核心农区针对当前农村生态恶化和绿色农产品需求，在农业科技人员的不断探索下，组织实施南果北种、大棚蔬菜、无公害种植、节水灌溉和土地深耕等建设项目，建设了一批可持续发展的农业示范样板，不仅向市场提供了高质量农产品，而且节约了资源、保护了环境。河南省还成立了农业大数据产业技术研究院

---

① 《2021-2027 年河南省基础设施发展现状及前景趋势报告》。

和农作物大数据分析与应用工程实验室,以提升河南省农业信息化服务质量。作为全国电子商务进农村综合示范省,河南省48个国家级和省级电子商务进农村示范县的建设,加速了河南省农产品商品化、标准化和品牌化进程,进而提升了产品外销种类和规模。各种农业科技园不断探索信息技术在农业中的应用,为河南省农业现代化发展做出贡献。以鹤壁市农业硅谷产业园为例,其开发的智慧农业数据处理实验室、新农邦电子商务平台、农云服务以及"农机通""益农"等,已经累计为农民和新型农业经营主体提供信息服务10亿次,为涉农政府部门、电信运营商、农业龙头企业实施运维了3 000多个信息化系统,培养了一批懂农业、会技术的现代职业农民,带动全区域农民发家致富。

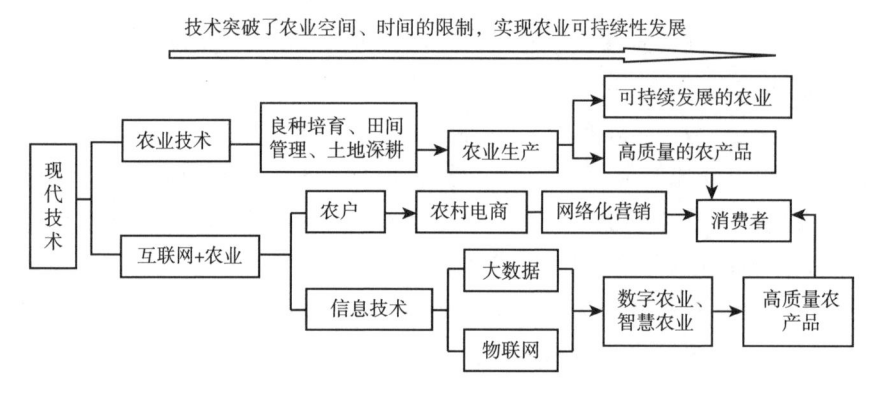

图3-4 河南省技术渗透农村三产融合模式

3.4 河南省农村三产融合中存在的问题

3.4.1 第一、第二产业比重仍然偏高,第三产业发展仍需加大

2009年以来,随着中原经济区建设步伐的加快,城镇化、新型工业化和农业现代化"三化"协调发展的推进,河南的产业结构在逐步优化。一二三产业的发展逐渐协调,第一、第二产业所占比重在逐年下降,第三产业所占比重逐年上升。河南省各年国民经济和社会发展统计报告显示,河南一二三产业产值的比例从2009年的13.9∶55.06∶31.04变化为2019年的8.5∶

43.5∶48，第一、第二产业比重分别下降了 5 个和 11 个百分点，而第三产业所占比重上升了 17 个百分点。与全国一二三产业 2019 年的产值比例 3.8∶36.8∶59.4 相比，与农业大省山东省 2019 年三产的比例 7.3∶39.1∶53.6 相比，河南的产业结构仍有较大的调整空间，尤其是第一产业产值所占比重仍然偏高，第三产业的发展与人民群众日益增长的对美好生活的需求还有差距。

3.4.2 产业链不完整，增值效果仍有较大提升空间

农产品加工业是农村产业中非常重要的产业，是连接工农、沟通城乡的产业，对融合发展具有天然的连接功能，只有通过加工业前延后伸，才能延长产业链、提升价值链。河南省依托农业资源，积极发展食品加工业。虽然食品工业连续 9 年稳居全国第二位，形成了全国最大的肉类生产加工、速冻食品、面粉及肉制品生产加工基地。但随着消费者需求的不断变化，价值链增值效果减弱。整体来看，河南省农业加工企业发展仍有较大上升空间。究其原因，一是产业链不完整。河南省加工业多是小规模家庭经营模式的中小企业，尽管政府推行了"企业 + 农户""企业 + 生产基地 + 农户"等各种适合的农业产业化组织模式，但从整体看，生产、加工、销售一体化水平较低，产前、产中、产后衔接不紧密，企业规模不大，辐射带动能力不强。二是农业产业链短，相对于发达国家和地区 85% 以上农产加工转化率而言，河南省农产品加工率仅为 40%~50%，加工转换率偏低。三是技术和创新不足，加工深度不够。很多中小加工企业仍以初加工和粗放加工为主，农产品精深加工不够，仅占全部加工产业的 20%，高质量农产品供应不足，不能满足高端消费市场需求。

3.4.3 粮食生产核心区地位稳固，农村服务业地位亟待提高

2009 年 9 月，国家发改委《关于印发河南省粮食生产核心区建设规划的通知》（以下简称《通知》）的下发，标志着河南省粮食生产核心区建设规划获得国家批准。河南省委、省政府认真贯彻落实《通知》的精神，确保粮食生产核心区地位，狠抓粮食生产，圆满完成国家粮食生产任务指标。粮食播种面积从 968.361 万公顷提高到 107.354 万公顷；粮食产量从 5 389 万吨提高到 6 695.36 万吨。然而河南农村服务业发展缓慢滞后，从 2009 年的 3.8% 提

高到 2019 年的 6.5%，所占比重仅为 6% 左右，而且提升速度缓慢。由此可见，河南农村服务业为农业生产和农民生活提供服务的空间很大，农村服务业的地位有待提高，服务能力亟待提升。

3.4.4　基于产业融合的社会服务化体系不健全

及时有效的市场信息和精准科学的数据是政府政策中各项农业政策的科学依据，也是农业项目高效运行的重要保障。河南省目前面向农村的金融保险、技术支持、物流运输以及成果转化等多表现为单向服务，各部门结构的信息数据相互割裂，缺乏综合性数据整理，甚至有些服务内容不符合农民实际需求。调查中发现，农村金融服务缺乏针对性，创新产品供应不足，新型经营主体贷款成本高，导致产业链在延伸中受到制约。

3.4.5　缺乏依据资源禀赋的三产融合发展整体规划

在国家和河南省政府三产融合发展部署下，河南省各地区三产融合如火如荼地进行着。而河南省农村面积大，各地市农业资源禀赋有较大差距。依据地区资源特色发展三产融合，实现规模化、专业化农业发展无疑是融合的有效途径。但在调研中发现，河南省不少地区并未完全根据自身资源禀赋优势把产业做精、做强，而是盲目跟风，重复建设严重，导致三产融合层次不高，缺乏核心竞争力。有些产品规模过大，市场供过于求，原材料降价，伤害了农户利益。有些产品由于资金、技术等问题，生产规模偏小，无法形成规模优势，产品价格偏高，在市场上缺乏竞争力。

3.5　本章小结

首先，本章从经济总量、产业结构、粮食生产等方面分析了河南省全省和各地市经济发展情况。其次，有针对性地探讨了河南省三产融合基础，包括政策基础、产业基础、设施基础，尤其是对河南省"互联网+农业"发展情况进行分析，证实了河南省农业农村利用现代技术进行三产融合的可能性、合理性。再次，针对河南省三产融合的具体情况进行了调查分析。农村地区面积大，各地市农业资源禀赋、农业生态环境、农业现代化状况、农民收入水平等都存在较大差异，各地推动农村产业融合发展面临的基础条件有很大不同。因此，各地市在推动农村三产融合的发展中，立足地方资源优势，因地制宜地探索不同产业融合模式。最后，对河南省当前三产融合中存在的问题进行了深入分析。

第4章　河南省农村三产融合质量分析

4.1　河南省三产融合发展水平测定

4.1.1　指标构建

随着经济技术发展，一二三产业边界越来越模糊，产业之间相互渗透、相互包含，关联性越来越强。第一产业是第二、第三产业发展的基础，为第二、第三产业发展提供了丰富的原材料；第二产业为第一产业提供了初级产品深加工服务，提升了农产品价值，且为第一产业发展提供了技术和资源支撑；第三产业进一步延伸了第一、第三产业链条，挖掘了第一、第二产业的潜力，发挥了其深层次价值。因此，一二三产业之间有着天然的融合性，以下研究用耦合协调模型分析河南省三产融合情况。

4.1.1.1　指标构建的原则

（1）客观性原则。客观性原则就是要求在农村三产融合水平评价体系构建时，对于指标的选取，要能真实、客观地反映河南省农村产业融合的水平。具体而言就是各评价指标要全面反映农业产业链延伸、农业多功能性发挥、经济效益、社会效益这四个关键方面，每个方面都需要选择有代表性的指标来得出科学客观的结果。

（2）数据可获取原则。如果只是根据理论研究去构建了一套全面系统的评价指标体系，但评价体系中的指标数据无法在实际工作中获取，那么这一指标体系就无实际意义，无法进行实证检验。因此，在构建农村产业融合水平评价指标体系时，必须要考虑到指标数据获取的可能性，必须能够进行具体的量化实证分析。

（3）层次性原则。层次性原则要求评价指标体系的构建时，既要体现不同级指标之间的从属关系，也要注意同级指标之间的差异性。指标构建一般而言是逐级分解的，上一级指标分解为下一级多个指标，上下级指标之间具有层次关系。同级指标的差异性要求各指标在反映的内容上应该有所差别，不能出现范围交叉或者重复的现象，指标之间界限清晰。

4.1.1.2 指标体系构建及数据来源

本部分的研究旨在对三产融合发展水平进行测算，根据研究目的，在客观性、数据可获取性及层次性原则的指导下，结合前面对于农村一二三产业融合发展的理论研究和已有学者的研究成果，依据《关于推进农村一二三产业融合发展的指导意见》中确定的农村产业融合发展的产业链条完整、功能多样、业态丰富、利益联结紧密、农业竞争力明显提高、农民收入持续增加、农村活力显著增强等主要目标，联系河南省农村三产融合发展实际，分别从一二三产业中选择了相关联的指标，见表4-1。指标分为两个层次：一级指标代表三个产业；二级指标具体考虑各产业发展基本情况，共设16个具体指标作为观测点。

表4-1　　　　　　河南省三产融合发展水平评价指标体系

一级指标	一级指标权重	二级指标	观测值	二级指标权重
第一产业	1/3	一产占比	农业增加值/GDP（%）	0.08
		农村居民收入	农村居民可支配收入（元）	0.087
		农业机械化程度	农业机械总动力/耕地总面积（kW/hm^2）	0.36
		有效灌溉面积占比	有效灌溉面积/耕地总面积（%）	0.24
		城乡收入差距	农村恩格尔系数/城市恩格尔系数（%）	0.12
		单位面积产量	粮食总产量/粮食播种面积（kg/hm^2）	0.113
第二产业	1/3	二产占比	工业增加值/GDP（%）	0.21
		工业成本费用利润率	利润总额/成本费用总额（%）	0.188
		工业产值利润率	利润总额/工业总产值（%）	0.189
		工业能源产品消耗量	万元工业增加值能耗（t标准煤）	0.077
		二产固定资产投资比重	第二产业固定资产投资额/固定资产投资总额（%）	0.336

续表

一级指标	一级指标权重	二级指标	观测值	二级指标权重
第三产业	1/3	三产占比	第三产业增加值/GDP（%）	0.112
		三产增加值	第三产业增加值（亿元）	0.324
		三产产出水平	第三产业增加值增值率（%）	0.082
		三产业固定资产投资比重	第三产业固定资产投资额/固定资产投资总额（%）	0.219
		服务需求状况	人均 GDP（元）	0.263

资料来源：张康洁，蒋辉. 传统农区三次产业融合发展水平研究——以山东省为例 [J]. 资源开发与市场，2017（3）：349-354.

考虑历史的可比性和数据可得性，本部分的研究选择 2009 年、2014 年和 2019 年数据进行测算，有关数据来自相应年份的《河南统计年鉴》和 18 个地级市统计局资料。

4.1.2 测算过程

采用综合指标进行评价时，每个指标权重的确定至关重要，目前主要有客观赋值法和主观赋值法，客观赋值法主要有熵值法、主成分分析法、因子分析法等，本部分采用熵值法。熵值法通过计算指标的信息熵，根据指标相对变化程度对系统整体的影响来确定指标的权重，相对变化程度大的指标具有较大的权重[1]。本部分权重赋值采用熵值法。为了避免数据量纲不同产生影响，本部分采用最大值、最小值法对原指标进行标准化处理，公式为：

$$正向指标\ x'_{ij} = \frac{x_{ij} - minx_{ij}}{maxx_{ij} - minx_{ij}} \tag{4-1}$$

$$负向指标\ x'_{ij} = \frac{maxx_{ij} - x_{ij}}{maxx_{ij} - minx_{ij}} \tag{4-2}$$

以熵值法求指标权重：

$$H_j = -\left(\frac{1}{Lnm}\right)\sum_{i=1}^{m} w_{ij}Lnw_{ij} \tag{4-3}$$

---

[1] 马银戍，许艺凡. 基于熵值法的休闲农业发展潜力指标体系构建与赋权——以河北省为例 [J]. 统计与管理，2018（9）：93-96.

$$C_j = 1 - H_j \tag{4-4}$$

$$P_j = \frac{C_j}{\sum_{j=1}^{n} C_j} \tag{4-5}$$

其中，W_{ij}表示第 i 年 j 指标比重；H_j表示 j 指标的熵值；C_j表示 j 指标的变异系数；P_j表示 j 指标权重。

建立三产综合评价函数：

$$T_j = \sum_{j=1}^{n} P_j Y_{ij} \tag{4-6}$$

其中，T_{ij}表示 j 综合评价值；Y_{ij}表示某产业系统内某一系统 j 指标在第 i 年的标准化数值。

借助物理学相关知识，构建融合度测量函数：

$$D = \sqrt{CN}$$
$$N = \alpha T_1 + \beta T_2 + \gamma T_3$$
$$C = \{(T_1 T_2 T_3)/(T_1 + T_2)(T_2 + T_3)(T_1 + T_3)\}^{1/3} \tag{4-7}$$

其中，D 表示一二三产业融合发展协调度；C 表示一二三产业融合发展耦合度；N 表示一二三产业融合发展的综合协调指数；T_1 表示第一产业综合评价指数；T_2 表示第二产业综合评价指数；T_3 表示第三产业综合评价指数。其中，α、β、γ 是系数，表示相应产业所占权重。本部分结合访谈专家意见，认为三个产业同等重要，所以系数都取 1/3。根据前人研究的成果，本部分结合研究的需要，把一般把耦合协调度划分为以下几种等级度，见表 4 – 2。

表 4 – 2　　　　　　　　耦合协调度等级划分标准

耦合度	等级划分	耦合度	等级划分
0 ~ 0.09	极度失调	0.5 ~ 0.59	勉强协调
0.01 ~ 0.19	严重失调	0.6 ~ 0.69	初级协调
0.2 ~ 0.29	中度失调	0.7 ~ 0.79	中级协调
0.3 ~ 0.39	轻度失调	0.8 ~ 0.89	良好协调
0.4 ~ 0.49	濒临失调	0.9 ~ 1.0	优质协调

资料来源：廖重斌. 环球与经济协调发展的定量评判及分类体系 [J]. 热带地理, 1999 (2): 171 – 177.

4.1.3 河南省三产融合水平评价

河南省 2009 年、2014 年、2019 年的三次产业融合水平整体呈上升趋势。其中,许昌、濮阳、济源和漯河前期发展水平较高,但近些年排名下降,而省会郑州则刚好相反,近些年融合水平不断提升。从 2009 年河南省三产融合综合水平看,南阳、信阳、焦作、驻马店、开封、濮阳、三门峡、漯河和济源 9 个地级市三产融合水平较低,甚至低于全省平均水平。随着国家、省级各项扶持政策不断出台,河南省农村经济快速发展,资本下乡、农业企业增多,相比 2009 年,随后两年的测算中,河南省南阳和信阳两个地级市的三产融合水平有了较大提升,超过了河南省三产融合发展平均水平。这一方面说明河南省三产融合发展越来越好,整体水平较高;另一方面也表现出不同区域发展的差异性较大,仍有较大的改进空间。各地区存在差异的原因主要是各地城镇化发展水平不一样、经济基础有差别、资源禀赋不同导致产业优势差异等。例如,南阳和信阳两市近些年来农村三产融合大幅提升的根本原因在于现代农业的快速发展。信阳市依据资源禀赋特点,积极发展茶叶等特色产业,提高深加工能力,借助"互联网 + 农业"等现代化技术,开拓创新农业产业链建设。同时,信阳还利用国家优惠政策,发展生态旅游,发挥了农业多功能性价值,拓宽了农业发展渠道。南阳一直秉承现代化发展理念,依照经济市场和消费需求,积极开展观光生态园、镇博览园、休闲产业园、产业化集群示范区与核心区等多功能扩展模式。

按照区域位置,河南省可分为豫北、豫南、豫西、豫中、豫东五个区域。豫中包括郑州市、平顶山市、许昌市、漯河市,豫东包括商丘市、开封市、周口市,豫西包括三门峡市、洛阳市,豫南包括南阳市、信阳市、驻马店市,豫北包括新乡市、安阳市、鹤壁市、濮阳市、焦作市、济源市。[①] 从表 4-3 中五大地区三产融合水平看,总体都呈上升趋势,豫中 > 豫北 > 豫西 > 豫南 > 豫东。豫中可能由于地理位置优势,交通便利,尤其是郑州、许昌等城市建设较为现代化,有一定的城市品牌影响力,且国家宏观政策和重大战略部署也为其产业结构优势发挥提供了机遇,产业辐射带动能力较强,经济

---

① 王艳想,李帅,酒江涛,任梦雨,樊祎,苏金乐. 河南省传统村落空间分布特征及影响因素研究 [J]. 中国农业资源与区划,2019 (2):129-136.

相对发达,三产融合发展水平最高。

表4-3　　　　　　河南省18个地级市三产融合发展水平

城市	2009年 N	2009年 C	2009年 D	2014年 N	2014年 C	2014年 D	2019年 N	2019年 C	2019年 D
郑州	0.593	0.615	0.559	0.658	0.694	0.676	0.653	0.668	0.66
洛阳	0.607	0.603	0.558	0.677	0.691	0.684	0.719	0.654	0.686
许昌	0.621	0.601	0.565	0.673	0.699	0.686	0.668	0.678	0.673
南阳	0.553	0.574	0.515	0.707	0.665	0.686	0.699	0.756	0.777
周口	0.629	0.601	0.569	0.714	0.683	0.698	0.69	0.667	0.679
新乡	0.587	0.609	0.55	0.683	0.698	0.691	0.665	0.566	0.666
安阳	0.594	0.603	0.551	0.68	0.686	0.683	0.672	0.655	0.563
商丘	0.565	0.571	0.62	0.709	0.692	0.71	0.743	0.678	0.71
信阳	0.623	0.61	0.508	0.651	0.694	0.662	0.644	0.775	0.659
焦作	0.547	0.592	0.519	0.639	0.695	0.666	0.628	0.671	0.649
驻马店	0.454	0.609	0.466	0.591	0.695	0.64	0.629	0.665	0.646
平顶山	0.508	0.602	0.499	0.622	0.694	0.657	0.613	0.67	0.641
开封	0.509	0.591	0.554	0.646	0.678	0.662	0.659	0.625	0.642
濮阳	0.53	0.609	0.516	0.647	0.697	0.672	0.604	0.67	0.636
三门峡	0.57	0.597	0.533	0.65	0.69	0.666	0.632	0.665	0.647
漯河	0.523	0.61	0.508	0.563	0.594	0.624	0.522	0.677	0.592
鹤壁	0.574	0.593	0.535	0.55	0.599	0.618	0.481	0.676	0.567
济源	0.497	0.608	0.395	0.589	0.598	0.636	0.531	0.674	0.596
均值	0.571	0.605	0.551	0.647	0.691	0.668	0.636	0.661	0.677

4.2　河南省三产融合发展耦合度和协调度分析

从表4-3中耦合度测算值看,河南省三产整体耦合度不是很高,且表现出"先生后降"的小幅波动状态。2009年的耦合度为0.605,2014年上升到0.691,2019年又回落至0.674。具体从每个地级市来看,漯河、南阳、郑州、信阳具有上升趋势。从河南省五大地区来看,豫南和豫东都有小幅上升,豫中、豫西和豫北则有上下波动,且自2009~2019年以来豫中>豫北>豫西>

豫南＞豫东。河南省一二三产业关联度不是很高，需要提高融合质量，可根据各地市资源禀赋特点，抓住政策机遇，深挖农村电商、农产品精深加工、农业休闲、乡村旅游、康养等三产融合产业，拉长产业链，提升产业附加值，推进产业关联度提升。

从表4-3协调度测算值看，河南省三产协调度虽然整体不高，但三年内有较大的提升。2009年协调度均值为0.551，2014年上升到0.668，2019年达到0.677，呈上升趋势。具体从各地级市指标看，平顶山、许昌、洛阳、郑州、周口、商丘、信阳等均呈上升趋势，而新乡、濮阳、济源和漯河呈现出先升后降趋势。从河南五大地区看，2009~2019年整体呈上升状态，且豫中＞豫北＞豫南＞豫西＞豫东，整体发展趋势与耦合度水平变化趋势一致。因此，促进河南省三产融合发展，要优化产业结构，发展地区特色优势产业。

4.3 河南省三产融合不同主体利益冲突和矛盾

三产融合事关农村经济发展，更关乎国家粮食安全，是需要各方共同努力实现的目标，目标实现与否关乎区域内每个人的切身利益。河南省农村三产融合中所涉及的利益主体主要有地方政府、农业企业、农业组织、普通农户。

4.3.1 相关利益主体及其利益诉求

4.3.1.1 政府

政府分为中央政府和地方政府。中央政府提出乡村振兴战略，鼓励通过三产融合带动农村产业发展，增强农村活力，提高农民收入。而根据我国行政管理制度规定，地方政府在中央政府的领导下，负责所辖区域的行政管理。地方政府一方面执行中央的各项政策规定，另一方面在不违反中央政府相关规定的前提下，还有一定的区域管理自主权。在当前考核制度下，地方政府往往更重视地区整体经济发展，如GDP的排名等。

4.3.1.2 农业企业

这里所讲的农业企业指主要从事农业生产经营活动，产品商品化率非常高，实行自主经营、独立核算、自负盈亏，且具有法人资格的营利性经济组织。长期以来，农业企业，尤其是农业龙头企业在推动农业和农村发展方面发挥着重要作用，其不仅有利于推动农业产业化、规模化、品牌化经营，促进农业增产、农民增收，而且也有利于培养农民的市场意识，提高农民农业科技水平，激发农村发展活力，形成多方共赢的良性循环发展局面，为传统农业区的发展提供动力。而农业企业是一个营利性组织，追求利益最大化是企业的根本目标，农业企业农业生产的决策依据是企业所能获得净利润的多少。

4.3.1.3 普通农户

这里所讲普通农户指家庭农场主、种养大户、小农户等以农业生产为主的经营者。家庭农场场主和种养大户大多是当地农业能手，或由于各种原因无法外出务工的中年劳动力。其从事农业生产的目的是在照顾家庭的基础上尽可能增加农业收益。但由于自身力量有限，无法与市场有效接轨，他们也希望参与到农业企业所组织的产业链中，获取比较高的利润。也有农场主或大户依靠自己的能力和资源，组织生产、销售等，获取更高利润。小农户多是留守老人、妇女，不能外出务工，只能在家务农，由于其种植产量不高，在市场上无话语权，但很多老人、妇女也都想自食其力，甚至为家庭做出贡献，希望农业生产为其带来应有收入。

4.3.2 利益主体间的矛盾和冲突

中央政府目标明确，在保障粮食安全的基础上，通过三产融合带动农村经济发展。地方政府往往在政策贯彻执行中，更加强调地方经济发展，存在机会主义倾向，表现在三产融合中就是对农业企业的审核、监督不严，农业用地、农民利益保障上存在漏洞。农业企业或农业资本下乡最重要的目的就是获取利润，他们往往追逐高额利润的产业，把对粮食安全的考虑放在次要位置上。他们在与农民的合作中，不但期望其共享利润，还要共分亏损。有的农业企业把农民当成雇工，仅支付工资，农民无法享受农业利润的分配。

普通农户有与农业企业合作的愿望，但承担风险的能力非常有限，由于其对市场信息的掌握上存在缺陷，在合作项目的选择上往往话语权不多，对合作的内容了解不是很多。

乡村振兴中产业振兴是关键，农村三产融合是产业振兴的重要途径，这关乎国家利益，需要各方参与和支持。在此过程中，中央政府、地方政府、农业企业和普通农户之间存在着不同利益诉求，这种不同导致相关利益主体间产生了矛盾和冲突。在这矛盾和冲突中，各个利益相关者相互博弈，追求达到利益平衡点。中央政府在对地方政府考核上要多元化，引导地方政府在乡村振兴中能把工作做到实处。地方政府代表国家和居民利益，要有长远眼光，考虑子孙后代利益，在农业企业和农民之间做好协调和支持，在保护农业企业取得合理利润的同时，鼓励企业把利润留在农村，用于农村事业发展。农业企业要有社会责任感，在三产融合中发挥特长，多提供就业岗位，带领农民发家致富。普通农户要抓住国家战略发展机遇，积极学习，提高能力，争做农业生产的专业人才。

4.4 本章小结

首先，本章构建指标体系，运用耦合协调模型分析河南省三产融合情况并进行了定量分析，研究认为，河南省三产整体耦合度不是很高，且表现出"先生后降"的小幅波动状态。具体从每个地级市来看，漯河、南阳、郑州、信阳具有上升趋势；豫南和豫东都有小幅上升，豫中、豫西和豫北则都有上下波动，且豫中＞豫北＞豫西＞豫南＞豫东；从协调度测算值看，河南省三产协调度虽然整体不高，但三年内有较大的提升。具体从各地级市指标看，平顶山、许昌、洛阳、郑州、周口、商丘、信阳等均呈上升趋势，而新乡、濮阳、济源和漯河都呈现出先升后降趋势，且豫中＞豫北＞豫南＞豫西＞豫东，整体发展趋势与耦合度水平变化趋势一致。其次，本章从地方政府、农业企业、农业组织、小农户等相关农业经营主体角度分析了河南省农村三产融合中各个利益主体的诉求和利益冲突，为下一部分微观分析奠定了基础。

第 5 章 河南省农村三产融合驱动因素分析

第 4 章中对河南省农村三产融合发展水平的评价,明确了河南省农村三产融合协调度、融合度都不高,融合水平还处于初始阶段。对于河南省而言,想提高农村三产融合水平,要先清楚哪些因素能够驱动农村三产融合发展。结合国内外相关研究文献,本章将采用微观调查和宏观分析的方法对河南省农村三产融合发展驱动因素加以分析,本章的研究思路是:首先,从理论上分析农村三产融合的驱动因素都有哪些。其次,根据河南省农村产业融合发展实际,构建相关驱动因素类属的具体指标,通过设计问卷,采用调查法收集所需数据。调研的对象主要选择对河南省农村三产融合发展起推动作用的新型农业经营主体。数据分析过程采用信度效度检验,对因子进行验证性分析,构建结构方程对因子路径加以模型估计。数据主要采用 SPSS 软件和结构方程模型的 AMOS 数据处理软件。本章对研究假设进行分析,以便确定河南省农村三产融合发展的驱动因素,以及相关驱动因素对河南省农村三产融合发展的影响。

5.1 理论分析与研究假设

5.1.1 政府行为与农村三产融合发展关系的分析

政府作为社会的核心治理者,[1] 通过制定和实施公共决策,开展社会管理,提供公共服务。首先,基于政府对微观经济运行的干预行为,通过指示

---

[1] 施雪华."服务型政府"的基本涵义、理论基础和建构条件 [J]. 社会科学,2010 (2):3-11,187.

选择产业发展的顺序，强调产品资源的价格控制，强调政府的主导地位。一方面，政府可在宏观上表现为对特定行业的直接选择和支持，包括战略性作用（培育具备战略意义的产业）和防御性作用（即淘汰停滞不前和衰退的产业）；另一方面，在微观上，政府表现为对特定行业中特定技术、产品和流程的直接选择与支持（标准准入、直接补贴等）。其次，发挥政府的功能性作用，针对市场失灵领域，对市场进行补充，表现在为市场创造良好环境、弥补市场不足，如稳定宏观经济环境、使资源要素良性运转、构建创新环境等方面。

推进农村一二三产业融合发展，要在充分发挥市场配置资源决定性作用的同时，更好地发挥政府的作用。政府能够通过直接或间接的行为为河南省农村三产融合发展提供相应的支持，直接行为包括财政资金支持[①]、基层政府对产业的指导、政府对村民观念的引导，间接支持则包括制定合理的相关政策,[②] 包括农村土地用地政策、农村产业贷款方式、农业补贴政策等。

基于以上分析，本章提出以下假设：

H5-1：政府行为对于河南省农村三产融合发展具有显著正向影响。

5.1.2 技术与创新引领和农村三产融合发展的关系分析

技术创新在不同产业之间的扩散导致了技术融合，技术融合导致不同产业之间的技术性进入壁垒逐渐消失，使不同产业形成了共同的技术基础，并使不同产业间的技术边界趋于模糊，最终导致产业融合产生。技术与创新引领是产业融合的基础；产业之间技术融合是产业融合的前提条件。农村三产融合的实现也离不开技术与创新引领，技术与创新引领是农村三产融合的重要驱动力，通过技术与创新引领可以打破农业产业内部不同子产业之间及农业与第二、第三产业之间的技术壁垒，逐步消除不同产业间的边界，生产出全新的产品或服务来满足消费者多样化的需求。农村三产融合的创新动力来自两个方面：一是来自农村内部融合模式的创新；二是外部技术创新所产生

---

① Davidsson P, Wiklund J. Level of Analysis in Entrepreneurship Research: Current Research Practice and Suggestions for the Future [J]. Entrepreneurship Theory and Practice, 2001 (25): 81–100.

② Lampel J, Shapira Z. Progress and its Discontents: Data Scarcity and the Limits of Falsification in Strategic Management [J]. Advances in Strategic Management, 2011 (12A): 113–150.

的利益诱导。从技术角度讲，先进的农业技术、农业推广力度可以凭借一定的技术能力产生规模经济效应，在创新带动农业现代化发展的同时，也催生了农业新业态、新模式的产生和发展。从制度角度讲，制度创新可以直接引导农村三产融合。创新是河南省三产融合的重要基础。

基于以上分析，本部分提出以下假设：

H5-2：技术与创新引领对于河南省农村三产融合发展具有显著正向影响。

5.1.3 市场环境与农村三产融合发展的关系分析

研究表明，与产业发展的重大创新，70%左右都是由消费者需求以及市场的推动而形成的[①]。市场与产业融合发展的关系密不可分，农村三产融合中多元主体的组合、产业链条的形成、各种要素的聚集、项目的选择等都需要以市场的资源配置为准则。同时，人们对消费产品和服务的多元化、多层次需求日益提高，驱动着企业不断谋求新产品、新技术、新服务的开发与创新，从而诱发了产业融合的产生与发展。农村三产同样受到了市场需求的驱动而产生了融合现象，例如，随着人们收入水平的提高，为了摆脱城市快节奏生活方式所带来的压力，许多城市居民开始寻求在充满传统乡村文化的田园意境中释放自我、还原自我的旅游消费服务，于是产生了乡村游、农家乐等新型业态，促进了农村三产深度融合。可以说，不断翻新的市场需求是驱动农村三产融合发展的重要外部诱因。河南省农村三产融合中，各产业经营主体通过市场环境和容量来确定产业化整合方向，通过以市场为终端，倒推农村产业从"种得好"向"卖得好"转变，通过产业融合实现农产品的产业化经营，从而满足人们日益增长的物质消费需求。

基于以上分析，本部分提出以下假设：

H5-3：市场环境对于农村三产融合发展具有显著正向影响。

5.1.4 资源禀赋与农村三产融合发展的关系分析

农业与其他产业不同的是农业生产与自然紧密相连，各地农村产业发展

---

① 吕静韦. 战略性新兴产业发展动力机制及创新模式研究 [D]. 天津：河北工业大学，2017.

的基础是农村所拥有的自然资源与文化资源。资源决定农村产业的发展方向，推进农村三产融合，必须充分挖掘和利用农业农村资源优势，推动绿水青山成为百姓致富的金山银山。在农村地区，农业资源除了土地、劳动外，还有许多显性资源没有被开发和利用，如农村景观、传统文化等，这不但为农村三产融合提供了广阔的发展空间，而且也是农村三产融合的重要基础。河南省农村地区面积大、人口多，农业资源禀赋、农民收入水平、村落分布形态、农村生态环境等差异较大，各地推动农村产业融合发展面临的基础条件有很大不同。对此，各地应立足于发展实际，因地制宜地探索不同类型、各具特色的产业融合发展模式。

基于以上分析，本部分提出以下假设：

H5-4：资源禀赋对农村三产融合发展具有显著正向影响。

5.1.5 人力资本与农村三产融合发展的关系分析

人力资本在产业发展的要素中一直不可或缺。[①] 人力资本作为一种生产要素，作用于经济发展的各个方面，促进产业转型升级，增加农民收入，进一步实现农民消费与产业结构的双升级。农村产业融合中，人力资本综合人的实践技能、理论素养、健康水平等各项因素投入到农业生产中，有利于提高农村产业融合的生产力。一方面，人力资本与物质资本相结合，激发创新潜力，推动物质资料生产，促进劳动、资本、土地等要素在农村生根发芽，促进农村经济社会发展；[②] 另一方面，人力资本作为生产要素投入到农业生产过程中，增强农户生产技能，提升农民素质，更好地服务于农村生产，为农民产业化发展提质。河南省农村三产融合发展中，需要通过人力资本的提升，提高三产融合发展的创新能力，激励产业形成正向外部效应。

基于以上分析，本部分提出以下假设：

H5-5：人力资本对于河南省农村三产融合发展具有正向的调节作用。

---

① Kamien M I, Schwartz N I. Market Structure and Innovation：A Survey [J]. Journal of Economic Literature，1975（1）：1-37.

② 颜铭，权琨. 基于人力资本理论的新型农民工继续教育体系构建 [J]. 农民发展，2017（21）：158-160.

5.1.6 产业生产组织方式与农村三产融合发展的关系分析

据第七次人口普查数据统计，小农户数量占我国 2.07 亿农业经营户的 98%，其从业人员占农业从业人员的 90%，经营面积占总耕地面积的 70%。无论过去还是现在，小农户始终是农业生产的主力。目前，小农户直接参与农村三产融合具有更多的不确定性和现实问题，因此，农业农村发展需要有农业产业组织的引领和带动。而产业主体的多元化和利益联结方式的多样化决定了产业融合的效果[①]，且对产业融合的稳定性、农户的参与度具有一定的影响。农户是家庭承包经营的基本单元，也是目前河南省农业的重要经营方式，河南省农村三产融合需要各种农业组织形式的引领和带动。

基于以上分析，本部分提出以下假设：

H5-6：农业产业生产组织方式对河南省农村三产融合发展具有显著影响。

综上所述，本章认为，农村三产融合在政府行为、技术创新、市场能力、资源禀赋、人力资源、农业生产组织等方面对产业融合发展起到推动作用。

5.2 研究设计

5.2.1 问卷设计

首先，通过前期实地调研中的深度访谈，了解了推动河南省农村三产融合驱动要素的基本情况，进行初步问卷设计。其次，通过征求专家意见以及小范围的预调研，对问卷设计进行调整和完善，使问卷更加科学合理。问卷总体设计原则：一是借鉴关于农村三产融合驱动因素研究的相关成果，对相应指标进行宏观上的指引；二是结合研究目的，通过实地调研获取相关指标数据。问卷设计主要由四部分组成：第一部分是被调查者的基本信息，通过

---

① Murphy J V. Strategic alliance: business model for global success [J]. Academy of Management Review, 1998 (23): 242-266.

这部分调查题目的设计，了解被调查者的基本情况，以及其对河南省农村三产融合驱动因素的了解及熟悉程度，从而在一定程度上掌控问卷的填写质量。第二部分是相关因素对河南省农村三产融合发展的影响情况。这部分内容主要通过对政府支持、当地资源禀赋、技术与创新引领、市场推动、人力资源因素、产业生产组织方式等方面的测量来完成，共包括31个变量。第三部分测量河南省农村三产融合发展，包括5个变量，这部分主要用产业发展成效来表示。第四部分测量对河南省农村三产融合中存在问题的评价，了解农业经营主体对农村三产融合的看法，在计分方式上采用正向计分法，即分数越高，表示该变量在描述项方面对河南省农村三产融合发展的影响越大。

5.2.2 变量设定

为了达到研究目的，提高问卷质量，在进行变量设定的时候，本部分针对同一研究目的，设置多个问题进行调查。因为对于变量而言，很难通过单一指标做到有效表达，因此，对每一个变量采取多指标的方式加以衡量。指标的选取不能够过于主观，一方面，参考已有的研究文献，通过查阅相关文献设定指标；另一方面，要通过现有的实际情况进行问卷设计，这一点在前期调研的深入访谈中已经充分考虑。在研究中，结合文献及调研实际，将研究变量进行多指标分解，将单一的变量平均化，这样可以在一定程度上避免变量测量中的误差，增强变量的可靠性，提高问卷的科学性和权威性。具体变量设定见表5-1。

表5-1　　　　　　　　　　变量与问题代码

变量	问题	代码
政府支持（GS）	国家财政资金对农业的支持	GS1
	当前农村土地用地政策	GS2
	当前农村产业贷款方式	GS3
	当前基层政府对产业的指导	GS4
	政府对村民观念的引导	GS5
	当前农业补贴政策	GS6

续表

变量	问题	代码
资源要素禀赋（RS）	当地资源禀赋	RS1
	吸纳外来资本	RS2
	乡村基础设施条件	RS3
	乡村所处的区位条件（距离中心县市的距离）	RS4
技术与创新引领（TS）	农民组织与高校及科研院所密切的技术合作	TS1
	农业科技推广力度	TS2
	智慧农业等先进技术采用	TS3
	农村电子商务发展	TS4
	农业产业园区建设	TS5
	农业与相关产业融合方式创新	TS6
市场推动（MS）	市场上消费者需求	MS1
	产品目标市场的精准定位	MS2
	产品质量和特色优势	MS3
	产品市场价格竞争力	MS4
	农产品品牌建设和影响力	MS5
人力资源因素（HS）	返乡创业人员	HS1
	村内能人情况	HS2
	农村与高校联合培养的技术人才	HS3
	对外引进研究机构或企业人员	HS4
	新型职业农民的培育	HS5
	村民对新产业新业态的认知程度	HS6
产业生产组织方式（OS）	龙头企业的引领作用	OS1
	农民合作社的引领作用	OS2
	家庭农场的引领作用	OS3
	生产规模化集约化程度	OS4
农村三产融合发展效果（IC）	近三年农民收入增加幅度较大	IC1
	近三年农村经济增加幅度较大	IC2
	近三年农业竞争力明显增强	IC3
	近三年农业产业链延伸较快	IC4
	近三年农业与其他产业交叉融合现象增多	IC5

资料来源：杨艳丽. 农村产业融合发展水平评价与驱动因素研究［D］. 哈尔滨：东北农业大学，2020.

5.3　数据来源与处理

5.3.1　数据来源

本部分的研究目的是获得河南省农村三产融合的驱动因素，根据研究需要，调研对象选择为新型农业经营主体，即参与农村三产融合的农业企业负责人、合作社负责人、家庭农场负责人和专业种养大户。由于河南省农村三产融合发展的时间还不长，农村三产融合典型的地方不是很普遍，为了能更好地达到研究目的，本次主要调查对象为全省农业发达的粮食主产县，且有农村三产融合行为的区域。在定义某地区是哪种三产融合模式时，若该区域参与某种三产融合模式的农业经营主体样本超过50%，本部分就认定该村是这种模式的典型区域。本次调研主要采用入户访谈与问卷调查相结合的方式。在调研前，先对访谈者集中培训，要求访谈者在农户填写问卷前把问卷内容和填写注意事项解释清楚，引导被调查对象真实地表达自己的想法。调研时间主要有两个阶段，第一阶段是在2018年暑假期间，参与调研的是来自河南省产粮大县的河南牧业经济学院经济与贸易学院、金融与会计学院的学生们，主要利用学生放假回家的机会对农业经营主体负责人进行数据收集；第二阶段是2019年寒假期间，利用春节大部分都在家的时间，河南牧业经济学院经济与贸易学院的学生们再次深入农村进行抽样调查，通过调查掌握了大量的一手资料。除了组织参与学生调研外，笔者于2018年4月和2019年11月到河南省主要产粮大县（滑县、固始、唐河、太康、邓州等地）实地走访得到一手数据。这两次调研共发放问卷560份，回收467份，剔除不合格问卷后，最终确定有效问卷388份，有效率为83%。样本的基本信息资料如表5-2所示。

5.3.2　描述性统计分析

问卷中主要从调研对象的性别、年龄、受教育程度、职位、年收入、行业类别和行业合作等方面进行统计，对所调研的基本信息进行描述性统计，被调研对象的性别、年龄、文化程度、家庭人口、年收入、行业、合作等描述性统计如表 5-2 所示。

表 5-2　　　　　　　　　调查农户基本情况分析

统计指标		样本数	占比例（人）	统计指标		样本数	占比例（%）
性别	男	282 人	72.8	文化程度	小学及以下	123 人	31.8
	女	106 人	27.2		初中	118 人	30.4
年龄	20 岁及以下	0 人	0		高中或中专	103 人	26.6
	20~30 岁	57 人	14.6		大学专科及以上	44 人	11.2
	31~40 岁	94 人	24.3	家庭人口状况	2 人及以下	34 人	8.83
	41~50 岁	137 人	35.2		3~5 人	249 人	64.13
	51~60 岁	76 人	19.5		6~8 人	91 人	23.5
	61 岁及以上	24 人	6.4		9 人及以上	14 人	3.54
职务	种养大户	201 次	51.7	农户年收入	5 000~1 万元	43 人	11.2
	合作社负责人	59 次	15.4		1 万~2 万元	100 人	25.8
	村干部	90 次	23.1		2 万~3 万元	179 人	46.1
	农业企业负责人	38 次	9.8		3 万元及以上	66 人	16.9
行业	传统农业	222 次	57.1	行业合作	村中有合作社和企业	140 次	36.2
	特色农业	71 次	18.3		与企业合作	53 次	13.7
	休闲农业	24 次	6.3		与高校合作	11 次	2.9
	特色手工业	9 次	2.4		与科研所合作	14 次	3.6
	农产品加工业	34 次	8.8		其他方面合作	169 次	43.6
	融合型产业	28 次	7.1				

资料来源：根据调研资料整理。

从受访者性别看，在受访的 388 名经营主体负责人中，男性 282 人，在被调研对象中，所占的比例比较高，为 72.8%；女性 106 人，所占比例为 27.2%。女性在被调查对象中占比虽然比男性要低，但近三成的占比也反映了女性在农业产业发展中的重要作用。农村妇女积极参与"乡村振兴巾帼行动"，大力发展生态农业、休闲农业、乡村旅游等特色农业。农村妇女在参与经济社会发展中实现自身发展，展现巾帼风采。

从受访者年龄看，被调查农户的年龄段主要集中于 31~50 岁，占 59.5%。可见，从事农村产业融合的农户大都是青壮年，精力旺盛，有闯劲。具体来看，41~50 岁的受访者最多，占比为 35.2%；其次是 31~40 岁的受访者，占比为 24.3%。51~60 岁的受访者也数量不少，占比为 19.5%。而

20~30岁受访者占比偏少，仅占14.6%。大多数年轻人都不愿意从事农业。61岁及以上受访者的占比更少，只有6.4%，在当前我国农业从业者老龄化较为普遍的农村里，农业融合发展、规模发展的从业者依然是青壮年，这些人见过世面，有胆量，懂市场。

从受访者的学历看，被调研对象中，小学、初中学历的人数相对较多，占62.2%。其次是高中，占26.6%。大学以上学历的人数极少，仅占11.2%。这说明我们农业从业人员受教育的程度相对是比较低的，因为一个初中生和一个高中生接纳新知识的能力以及接纳新技术、新的商业模式的能力以及可能是呈指数级的差别。

从职务统计看，由于调研时发现很多农户的职位是重叠的，因此用多项选择的方式进行筛选，统计结果高于实际调研人数。可以看出，种养大户被选择了201次，在被调研主体中占比最高。许多农村能人自己承包耕地从事种植业或从事养殖业，有的组织家人参与，或少量雇工，进行规模化生产。村干部被选择了90次，农民合作社负责人被选择了59次，农业企业负责人被选择的次数相对较少。可见，河南省当前农村三产融合中依靠自身力量发展的经营主体占比较多。

从受访者收入看，被调研对象所在地村民平均年收入在2万~3万元的最多，占比为46.1%，其次是1万~2万元的，占比为25.8%，3万元及以上的占比为16.9%，1万元以下的相对较少。农业经营主体规模普遍偏小，且农业比较收益偏低依然存在。

在从事的行业调查中，由于在调研的过程中发现部分村域的产业类型有交叉，因此该项调研题目设置了多项选择，数据样本总数超过了调研数。传统农业被选择了222次，特色农业被选择了71次，其他被选择的次数相对较少。传统行业因为熟悉，风险相对较低，投资可大可小，依然成为农户的首选。

从合作情况看，村域内的合作社和企业被选择了140次，与企业合作被选择了53次，与高校、科研院所合作被选择的次数相对比较少。河南省有不少的农业类高校、科研院所，但与农村，尤其和农户合作的数量有限。

5.4 数据分析

5.4.1 信度与效度分析

5.4.1.1 信度分析

信度测量,是指对同一或相似母体重复进行调查或测量,测其所得结果的一致性和稳定性。目前学术界常用的信度测量方法是 Cronbach's α 系数分析法,Cronbach's α 信度系数是 0~1 的常数,在信度分析中,Cronbach's α 信度系数在 0.9 以上,说明量表的内在信度很高,在 0.7~0.9 则认为内在信度较高或是可以接受;分量表的信度系数最好在 0.7 以上,在 0.6~0.7 则认为量表设计存在一定问题。Cronbach's α 系数如果在 0.6 以下则认为量表设计存在较大问题,应考虑重新设计。Cronbach's α 系数和可信度标准如表 5-3 所示。

表 5-3 Cronbach's α 系数和可信度标准

Cronbach's α 系数	可信度
Cronbach's α 系数 < 0.3	不可信
0.3 ≤ Cronbach's α 系数 < 0.4	勉强可信
0.4 ≤ Cronbach's α 系数 < 0.5	可信
0.5 ≤ Cronbach's α 系数 < 0.9	很可信
Cronbach's α 系数 ≥ 0.9	十分可信

当 Cronbach's α 值超过 0.7 时,就可以认为问卷的信度比较理想。本部分使用 SPSS22.0 对正式调研数据中的各个变量进行信度检验,得到的各变量结果如下。

(1)政府支持变量。对政府支持方面的衡量共设六个测试变量,从校正变量与总分相关变量删除后的 α 值指标来看,第四个指标的统计量不理想。对该项目进行效度检验的结果整理如表 5-4 所示。

表 5-4　　　　　　　　　政府支持的信度测量结果

变量	Cronbach's α 系数	问题项	删除后的 Cronbach's α 系数
政府支持（GS）	0.83	国家财政资金对农业的支持（GS1）	0.79
		当前农村土地用地政策（GS2）	0.81
		当前的农村产业贷款方式（GS3）	0.81
		当前的基层政府对产业的指导（GS4）	0.84
		政府对村民观念的引导（GS5）	0.79
		当前的农业补贴政策（GS6）	0.79

该问卷的 Cronbach's α 值为 0.83，但当删除问题项 GS4 后，其 Cronbach's α 值提高到了 0.84，故将问题项 GS4 从该问卷中剔除。

（2）资源禀赋变量。资源禀赋的衡量共设计了四个测试变量，对变量进行信度的结果整理如表 5-5 所示。

表 5-5　　　　　　　　当地资源禀赋的信度测量结果

变量	Cronbach's α 系数	问题项	删除后的 Cronbach's α 系数
资源要素禀赋（RS）	0.91	当地的资源禀赋（RS1）	0.89
		吸纳的外来资本（RS2）	0.89
		乡村的基础设施条件（RS3）	0.88
		乡村所处的区位条件（距离中心县市的距离）（RS4）	0.89

该问卷的 Cronbach's α 值为 0.91，同时，无论删除哪个问题项，其 Cronbach's α 值都不再提高，故 4 个问题项都保留。

（3）技术与创新引领变量。技术与创新引领方面的衡量共设六个测试变量，对该项目进行信度检验的结果整理如表 5-6 所示。从校正变量与总分相关、变量删除后的 α 值来看，第二个变量和第四个变量在统计量上均不理想，因而经项目分析综合评鉴后，应从测量指标体系中删除该变量。

表 5-6　　　　　　　　技术与创新引领的信度测量结果

变量	Cronbach's α 系数	问题项	删除后的 Cronbach's α 系数
技术与创新（TS）	0.92	农民组织与高校及科研院所密切的技术合作（TS1）	0.885
		农业科技推广的力度（TS2）	0.925
		智慧农业等先进技术的采用（TS3）	0.884
		农村电子商务的发展（TS4）	0.917
		农业产业园区的建设（TS5）	0.896
		农业与相关产业融合方式的创新（TS6）	0.896

该问卷的 Cronbach's α 值为 0.92，但当删除问题项 TS2、TS4 后，其 Cronbach's α 值均有所提高，故将问题项 TS2 和 TS4 从该问卷中剔除。

（4）市场推动因素变量。市场推动因素衡量共设六个测试变量，经项目分析综合评鉴后，对该项目进行信度检验的结果整理如表 5-7 所示。

表 5-7　　　　　　　　市场推动的信度测量结果

变量	Cronbach's α 系数	问题项	删除后的 Cronbach's α 系数
市场推动（MS）	0.89	市场上消费者的需求（MS1）	0.88
		产品目标市场的精准定位（MS2）	0.88
		产品的质量和特色优势（MS3）	0.87
		产品的价格市场价格竞争力（MS4）	0.84
		农产品品牌的建设和影响力（MS5）	0.84

该问卷的 Cronbach's α 值为 0.89，同时，无论删除哪个问题项，其 Cronbach's α 值都不再提高，故 5 个问题项都保留。

（5）人力资源因素变量。对人力资源要素的测量共设相应的六个测试变量，对该项目进行同质性检验，从变量删除后的 Cronbach's α 值来看，结果如表 5-8 所示。

表 5-8　　　　　　　　人力资源的信度测量结果

变量	Cronbach's α 系数	问题项	删除后的 Cronbach's α 系数
人力资源（HS）	0.85	返乡创业人员（HS1）	0.84
		村内能人情况（HS2）	0.82
		农村与高校联合培养的技术人才（HS3）	0.81
		对外引进研究机构或企业的人员（HS4）	0.86
		新型职业农民的培育（HS5）	0.83
		村民对新产业新业态的认知程度（HS6）	0.84

该问卷的 Cronbach's α 值为 0.85，但同时也注意到，当删除问题项 HS4 后，其 Cronbach's α 值提高到了 0.86，故将问题项 HS4 从该问卷中剔除。

（6）产业生产组织方式因素变量。对产业生产组织方式因素的衡量共设四个测试变量，经项目分析综合评鉴后，对该项目进行信度检验的结果整理如表 5-9 所示。

表 5-9　　　　　　　产业生产组织方式的信度测量结果

变量	Cronbach's α 系数	问题项	删除后的 Cronbach's α 系数
产业生产组织方式（OS）	0.86	龙头企业的引领作用（OS1）	0.82
		农民合作社的引领作用（OS2）	0.80
		家庭农场的引领作用（OS3）	0.81
		生产规模化集约化程度（OS4）	0.81

该问卷的 Cronbach's α 值为 0.86，同时，无论删除哪个问题项，其 Cronbach's α 值都不再提高，故 4 个问题项都保留。

（7）农村三产融合发展效果变量。农村三产融合发展效果因素衡量共设五个测试变量，经项目分析综合评鉴后，对该项目进行信度检验的结果整理如表 5-10 所示。

表 5-10　　　　　　农村三产融合发展效果的信度测量结果

变量	Cronbach's α 系数	问题项	删除后的 Cronbach's α 系数
农村三产融合发展效果（IC）	0.84	近三年农民收入增加幅度较大（IC1）	0.82
		近三年农村经济增加幅度较大（IC2）	0.82
		近三年农业竞争力明显增强（IC3）	0.81
		近三年农业产业链延伸较快（IC4）	0.79
		近三年农业与其他产业交叉融合现象增多（IC5）	0.82

该问卷的 Cronbach's α 值为 0.84，同时，无论删除哪个问题项，其 Cronbach's α 值都不再提高，故 5 个问题项都保留。

经过以上信度检验以及修正后所得到的各变量 Cronbach's α 值分别为：政府支持 0.84、当地资源禀赋 0.91、技术与创新引领 0.94、市场推动 0.89、人力资源因素 0.86、产业生产组织方式 0.85、农村三产融合发展效果 0.84。这些都在 0.8 以上，说明各变量信度都通过了检验。

5.4.1.2　效度分析

效度分析的目的在于判断问题项是否可以有效地测量研究人员需要测量的变量。效度分析主要指通过量表测度观测指标准确程度的分析。因子分析是效度分析最为理想的分析方法，通过因子分析解释量表变异型态的百分率，检测各因子与观测变量之间的相关程度，达到显著程度的为有效量表；反之，则为无效量表。效度可通过 KMO 来进行判断，当 KMO 值在 0.7 以上说明效度比较理想；同时，当 Bartlett 球形检验统计值的显著性概率小于 0.01 时，数据就可以进行因子分析。

当信度分析不达标时，效度分析必然也不能达标。对问卷所设变量的信度检验结果显示，GS4、TS2、TS4、MS4、HS4 5 个变量需要删除。对以上变量进行删除后，可对样本测度和球形检验进行分析，并根据检验结果对数据进行因子分析。

（1）政府支持变量。利用 SPSS22.0 软件，对政府支持问卷进行效度分析，政府行为中 GS4 项已经删除，测量变量由六项变为五项，所得到的 KMO 和 Bartlett 球形检验结果如表 5-11 所示。

表 5-11　　政府支持的 KMO 和 Bartlett 球形检验结果

取样足够度的 Kaiser-Meyer-Olkin 度量		0.851
Bartlett 的球形度检验	近似卡方	499.47
	df	10
	Sig.	0.000

该检验的 KMO 值为 0.851，大于 0.8，该问卷的效度比较理想。同时，Bartlett 的球形度检验相应的 P 值为 0.000，小于 0.05，表明问卷适合进行因子分析，进一步采用主成分分析方法，根据特征值大于 1 的原则进行因子的提取，结果如表 5-12 所示。

表 5-12　　　　　　政府支持的解释总方差

成分	合计	初始特征值方差的百分比	累计百分比	提取平方和载入方差的百分比
1	3.089	61.78	61.78	61.78
2	0.602	12.04	73.83	
3	0.51	10.21	84.03	
4	0.433	8.65	92.68	
5	0.366	7.32	100	

从表 5-12 可以看出，可以提取出一个主因子，其方差贡献率为 61.78%，故该主因子具备一定的解释能力，提取结果比较理想。同时，得到的因子载荷情况如表 5-13 所示。

表 5-13　　　　　　政府支持的因子载荷

问题项	成分
国家财政资金对农业的支持（GS1）	0.81
当前农村土地用地政策（GS2）	0.73
当前的农村产业贷款方式（GS3）	0.78
政府对村民观念的引导（GS5）	0.82
当前的农业补贴政策（GS6）	0.79

一般情况下，当问题项的因子载荷低于 0.5 时，需要从问题中予以剔除。从表 5-13 可以看出，政府支持在 GS1、GS2、GS3、GS5、GS6 上的因子载荷都超过了 0.7，因此，继续保留 GS1、GS2、GS3、GS5、GS6 这 5 个问题项。

(2) 资源禀赋变量。根据上一节对资源禀赋的信度检验,无删除变量,因此对资源禀赋问卷进行效度分析,所得到的 KMO 和 Bartlett 球形检验结果如表 5-14 所示。

表 5-14   资源禀赋的 KMO 和 Bartlett 球形检验结果

取样足够度的 Kaiser-Meyer-Olkin 度量		0.845
Bartlett 的球形度检验	近似卡方	721.57
	df	6
	Sig.	0.000

可以看出,该检验的 KMO 值为 0.845,大于 0.8,该问卷的效度比较理想。同时,Bartlett 的球形度检验相应的 P 值为 0.000,小于 0.05,表明问卷适合进行因子分析。进一步采用主成分分析方法,根据特征值大于 1 的原则进行因子的提取,结果如表 5-15 所示。

表 5-15   资源禀赋的解释总方差

成分	合计	初始特征值方差的百分比	累计百分比	提取平方和载入方差的百分比
1	3.167	79.19	79.19	79.19
2	0.333	8.32	87.51	
3	0.279	6.98	94.49	
4	0.220	5.51	100	

从表 5-15 可以看出,可以提取出一个主因子,其方差贡献率为 79.19%,故该主因子具备一定的解释能力,提取结果比较理想。同时,得到的因子载荷情况如表 5-16 所示。

表 5-16   资源禀赋的因子载荷

问题项	成分
当地的资源禀赋(RS1)	0.86
吸纳的外来资本(RS2)	0.88
乡村的基础设施条件(RS3)	0.91
乡村所处的区位条件(距离中心县市的距离)(RS4)	0.88

从表 5-16 可以看出,资源禀赋在 RS1、RS2、RS3、RS4 上的因子载荷都超过了 0.8,因此,继续保留 RS1、RS2、RS3、RS4 这四个问题项。

（3）技术与创新引领变量。根据上一节对技术与创新引领指标体系各信度的检验，本部分删除了 TS2 项和 TS4 项，测量变量由六项变为四项，对技术与创新引领问卷进行效度分析，所得到的 KMO 和 Bartlett 球形检验结果如表 5-17 所示。

表 5-17　　　　技术与创新引领的 KMO 和 Bartlett 球形检验结果

取样足够度的 Kaiser-Meyer-Olkin 度量		0.837
Bartlett 的球形度检验	近似卡方	1056.88
	df	6
	Sig.	0.000

从表 5-17 可以看出，该检验的 KMO 值为 0.837，大于 0.8，该问卷的效度比较理想。同时，Bartlett 的球形度检验相应的 P 值为 0.000，小于 0.05，表明问卷适合进行因子分析，进一步采用主成分分析方法，根据特征值大于 1 的原则进行因子的提取，结果如表 5-18 所示。

表 5-18　　　　　　技术与创新引领的解释总方差

成分	合计	初始特征值方差的百分比	累计百分比	提取平方和载入方差的百分比
1	3.391	84.78	84.78	84.78
2	0.282	7.09	91.87	
3	0.250	6.26	98.13	
4	0.760	1.87	100	

从表 5-18 可以看出，可以提取出一个主因子，其方差贡献率为84.78%，故该主因子具备一定的解释能力，提取结果比较理想。同时，得到的因子载荷情况如表 5-19 所示。

表 5-19　　　　　　技术与创新引领的因子载荷

问题项	成分
农民组织与高校及科研院所密切的技术合作（TS1）	0.95
智慧农业等先进技术的采用（TS3）	0.95
农业产业园区的建设（TS5）	0.89
农业与相关产业融合方式的创新（TS6）	0.88

从表 5-19 可以看出，技术与创新引领在 TS1、TS3、TS5、TS6 上的因

子载荷都超过了0.8，因此，继续保留TS1、TS3、TS5、TS6这四个问题项。

（4）市场推动变量。根据上一节对市场推动指标变量的信度检验，市场推动测量变量中的所有变量均被保留，变量数量为五项。对市场推动问卷进行效度分析，所得到的KMO和Bartlett球形检验结果如表5-20所示。

表5-20　　　　市场推动的KMO和Bartlett球形检验结果

取样足够度的Kaiser-Meyer-Olkin度量		0.770
Bartlett的球形度检验	近似卡方	1 051.81
	df	10
	Sig.	0.000

从表5-20可以看出，该检验KMO值为0.770，大于0.7，该问卷的效度比较理想。同时，Bartlett的球形度检验相应的P值为0.000，小于0.05，表明问卷适合进行因子分析。进一步采用主成分分析方法，根据特征值大于1的原则进行因子的提取，结果如表5-21所示。

表5-21　　　　　　市场推动的解释总方差

成分	合计	初始特征值方差的百分比	累计百分比	提取平方和载入方差的百分比
1	3.498	69.97	69.97	69.97
2	0.736	14.72	84.69	
3	0.445	8.89	93.58	
4	0.259	5.17	98.75	
5	0.62	1.25	100	

从表5-21可以看出，可以提取出一个主因子，其方差贡献率为69.97%，故该主因子具备一定的解释能力，提取结果比较理想。同时，得到的因子载荷情况如表5-22所示。

表5-22　　　　　　市场推动的因子载荷

问题项	成分
市场上消费者的需求（MS1）	0.77
产品目标市场的精准定位（MS2）	0.78
产品的质量和特色优势（MS3）	0.83
产品的价格市场价格竞争力（MS4）	0.91
农产品品牌的建设和影响力（MS5）	0.90

从表5-22可以看出，市场推动在MS1、MS2、MS3、MS4、MS5上的因子

载荷都超过了 0.7，因此，继续保留 MS1、MS2、MS3、MS4、MS5 这五个问题项。

（5）人力资源因素变量。根据上一节对人力资源因素变量的信度检验，人力资源因素变量信度都理想，没有删除项。对人力资源因素问卷进行效度分析，所得到的 KMO 和 Bartlett 球形检验结果如表 5-23 所示。

表 5-23　　　　人力资源因素的 KMO 和 Bartlett 球形检验结果

取样足够度的 Kaiser-Meyer-Olkin 度量		0.860
Bartlett 的球形度检验	近似卡方	596.209
	df	10
	Sig.	0.000

可以看出，该检验的 KMO 值为 0.860，大于 0.8，该问卷的效度比较理想。同时，Bartlett 的球形度检验相应的 P 值为 0.000，小于 0.05，表明问卷适合进行因子分析。进一步采用主成分分析方法，根据特征值大于 1 的原则进行因子的提取，结果如表 5-24 所示。

表 5-24　　　　　　人力资源因素的解释总方差

成分	合计	初始特征值方差的百分比	累计百分比	提取平方和载入方差的百分比
1	3.253	65.07	65.07	65.07
2	0.588	11.75	76.82	
3	0.495	9.09	85.91	
4	0.348	7.13	93.04	
5	0.316	6.96	100	

可以看出，可以提取出一个主因子，其方差贡献率为 65.07%，故该主因子具备一定的解释能力，提取结果比较理想。同时，得到的因子载荷情况如表 5-25 所示。

表 5-25　　　　　　人力资源因素的因子载荷

问题项	成分
返乡创业人员（HS1）	0.76
村内能人情况（HS2）	0.86
农村与高校联合培养的技术人才（HS3）	0.84
新型职业农民的培育（HS5）	0.83
村民对新产业新业态的认知程度（HS6）	0.74

从上表 5-25 可以看出，人力资源因素在 HS1、HS2、HS3、HS5、HS6 上的因子载荷都超过了 0.7，因此，继续保留 HS1、HS2、HS3、HS5、HS6 这五个问题项。

（6）产业生产组织方式变量。根据上一节对产业生产组织方式变量的信度检验中无删除项。对产业生产组织方式问卷进行效度分析，所得到的 KMO 和 Bartlett 球形检验结果如表表 5-26 所示。

表 5-26　　产业生产组织方式的 KMO 和 Bartlett 球形检验结果

取样足够度的 Kaiser-Meyer-Olkin 度量		0.815
Bartlett 的球形度检验	近似卡方	458.43
	df	6
	Sig.	0.000

可以看出，该检验的 KMO 值为 0.815，大于 0.8，该问卷的效度比较理想。同时，Bartlett 的球形度检验相应的 P 值为 0.000，小于 0.05，表明问卷适合进行因子分析。进一步采用主成分分析方法，根据特征值大于 1 的原则进行因子的提取，结果如表 5-27 所示。

表 5-27　　　　　　产业生产组织方式的解释总方差

成分	合计	初始特征值方差的百分比	累计百分比	提取平方和载入方差的百分比
1	2.794	69.86	69.86	69.86
2	0.443	11.08	80.94	
3	0.438	10.96	91.9	
4	0.324	8.11	100	
5	0.316	6.96	100	

可以看出，可以提取出一个主因子，其方差贡献率为 69.86%，故该主因子具备一定的解释能力，提取结果比较理想。同时，得到的因子载荷情况如表 5-28 所示。

表 5-28　　　　　产业生产组织方式的因子载荷

问题项	成分
龙头企业的引领作用（OS1）	0.84
农民合作社的引领作用（OS2）	0.86
家庭农场的引领作用（OS3）	0.83
生产规模化集约化程度（OS4）	0.82

从表 5-28 可以看出，产业生产组织方式在 OS1、OS2、OS3、OS4 上的因子载荷都超过了 0.8，因此，继续保留 OS1、OS2、OS3、OS4 这四个问题项。

（7）农村三产融合发展效果变量。对农村三产融合发展效果问卷进行效度分析，所得到的 KMO 和 Bartlett 球形检验结果如表 5-29 所示。

表 5-29　　农村三产融合发展效果的 KMO 和 Bartlett 球形检验结果

取样足够度的 Kaiser-Meyer-Olkin 度量		0.849
Bartlett 的球形度检验	近似卡方	495.067
	df	10
	Sig.	0.000

可以看出，该检验的 KMO 值为 0.849，大于 0.8，该问卷的效度比较理想。同时，Bartlett 的球形度检验相应的 P 值为 0.000，小于 0.05，表明问卷适合进行因子分析。进一步采用主成分分析方法，根据特征值大于 1 的原则进行因子的提取，结果如表 5-30 所示。

表 5-30　　农村三产融合发展效果的解释总方差

成分	合计	初始特征值方差的百分比	累计百分比	提取平方和载入方差的百分比
1	3.086	61.72	61.72	61.72
2	0.574	11.49	73.21	
3	0.513	10.26	83.47	
4	0.469	9.38	92.85	
5	0.358	7.15	100	

可以看出，可以提取出一个主因子，其方差贡献率为 61.72%，故该主因子具备一定的解释能力，提取结果比较理想。同时，得到的因子载荷情况如表 5-31 所示。

表 5-31　　农村三产融合发展效果的因子载荷

问题项	成分
近三年农民收入增加幅度较大（IC1）	0.78
近三年农村经济增加幅度较大（IC2）	0.77
近三年农业竞争力明显增强（IC3）	0.79
近三年农业产业链延伸较快（IC4）	0.83
近三年农业与其他产业交叉融合现象增多（IC5）	0.76

从表 5-31 可以看出,农村三产融合发展效果变量在 IC1、IC2、IC3、IC4I、C5 上的因子载荷都超过了 0.7,因此,继续保留 IC1、IC2、IC3、IC4I、C5 这五个问题项。

5.4.2 验证性因子分析

在进行结构方程模型的估计分析时,为了测试因子与测度项之间的关系是否符合设计,需要采用验证性因子分析方法加以验证。参考相关研究,本书进行验证性因子分析,主要选用学者们广泛使用的拟合指标体系,具体要求如表 5-32 所示。

表 5-32　　　　　　　常用的模型拟合指标

拟合指标	指标	指标解释	数值范围	理想数值
绝对拟合指标	χ^2/df	卡方自由度比	0 以上	1~3
	RMSEA	渐进残差均方和平方根	0 以上	<0.08
	GFI	良适性适配指标	0~1	>0.9
	AGFI	调整后的适配度指数	0~1	>0.9
相对拟合指标	NFI	规准适配指数	0~1	>0.9
	IFI	增值适配指数	0~1	>0.9
	CFI	比较适配指数	0~1	>0.9

在以上信度和效度检验所确定的问题项基础上,本部分利用 AMOS 软件分别对各变量进行验证性因子分析。

(1)政府支持变量的验证性因子分析。政府支持验证性因子分析结果如表 5-33 和表 5-34 所示。

表 5-33　　　政府支持验证性因子分析拟合指标的实际值与参考值

指标	χ^2/df	P	CFI	NFI	IFI	GFI	RFI	RMR	RMSEA
拟合值	2.25	0.046	0.987	0.978	0.987	0.982	0.955	0.037	0.069
参考值	<5	<0.1	>0.9	>0.9	>0.9	>0.9	>0.9	<0.008	<0.1

表 5-34　　　　　　　政府支持的标准化因子载荷

问题项	成分
国家财政资金对农业的支持（GS1）	0.74
当前农村土地用地政策（GS2）	0.64
当前的农村产业贷款方式（GS3）	0.79
政府对村民观念的引导（GS5）	0.77
当前的农业补贴政策（GS6）	0.79

通过表 5-33 可以看出，χ^2/df 的值为 2.25，大于 1，小于 3；GFI 值为 0.982，大于 0.9；NFI 为 0.978，大于 0.9；IFI 为 0.987，均超过了 0.9 的理想水平；RMSEA 的值为 0.069，小于 0.1。比较以上各拟合指标的实际值与参考值可知，各项指标基本符合要求，说明该模型具有良好的拟合优度。同时，各问题项的标准化因子载荷值均在 0.6 以上（见表 5-34），说明五个问题项都较好地测量了政府支持变量。

（2）资源禀赋变量的验证性因子分析。对资源禀赋变量的验证性因子分析结果如表 5-35 和表 5-36 所示。

表 5-35　　　资源禀赋验证性因子分析拟合指标的实际值与参考值

指标	χ^2/df	P	CFI	NFI	IFI	GFI	RFI	RMR	RMSEA
拟合值	3.52	0.003	0.983	0.990	0.993	0.987	0.971	0.015	0.097
参考值	<5	<0.1	>0.9	>0.9	>0.9	>0.9	>0.9	<0.008	<0.1

表 5-36　　　　　　当地资源禀赋的标准化因子载荷

问题项	成分
当地的资源禀赋（RS1）	0.84
吸纳的外来资本（RS2）	0.83
乡村的基础设施条件（RS3）	0.88
乡村所处的区位条件（距离中心县市的距离）（RS4）	0.84

通过表 5-35 可以看出，χ^2/df 的值为 3.52，大于 1，小于 5；GFI 值为 0.987，大于 0.9；NFI 为 0.990，大于 0.9；IFI 为 0.993，均超过 0.9 的理想水平；RMSEA 的值为 0.097，小于 0.1。比较各拟合指标的实际值与参考值

可知，各项指标基本符合要求，说明该模型具有良好的拟合优度。同时，各问题项的标准化因子载荷值均在 0.8 以上（见表 5-36），说明四个问题项都较好地测量了当地资源禀赋变量。

（3）技术与创新引领变量的验证性因子分析。对技术与创新引领变量的验证性因子分析结果如表 5-37 和表 5-38 所示。

表 5-37　技术与创新引领验证性因子分析拟合指标的实际值与参考值

指标	χ^2/df	P	CFI	NFI	IFI	GFI	RFI	RMR	RMSEA
拟合值	2.99	0.050	0.996	0.994	0.996	0.989	0.983	0.012	0.087
参考值	<5	<0.1	>0.9	>0.9	>0.9	>0.9	>0.9	<0.008	<0.1

表 5-38　技术与创新引领的标准化因子载荷

问题项	成分
农民组织与高校及科研院所密切的技术合作（TS1）	0.96
智慧农业等先进技术的采用（TS3）	0.96
农业产业园区的建设（TS5）	0.82
农业与相关产业融合方式的创新（TS6）	0.82

通过表 5-37 可以看出，χ^2/df 的值为 2.99，大于 1，小于 5；GFI 值为 0.989，大于 0.9；NFI 为 0.994，大于 0.9；IFI 为 0.996，均超过 0.9 的理想水平；RMSEA 的值为 0.087，小于 0.1。比较各拟合指标的实际值与参考值可知，各项指标基本符合要求，说明该模型具有良好的拟合优度。同时，各问题项的标准化因子载荷值均在 0.8 以上（见表 5-38），说明四个问题项都较好地测量了技术与创新引领变量。

（4）市场推动变量的验证性因子分析。对市场推动变量的验证性因子分析结果如表 5-39 和表 5-40 所示。

表 5-39　市场推动验证性因子分析拟合指标的实际值与参考值

指标	χ^2/df	P	CFI	NFI	IFI	GFI	RFI	RMR	RMSEA
拟合值	24.43	0.000	0.889	0.885	0.889	0.963	0.770	0.069	0.297
参考值	<5	<0.1	>0.9	>0.9	>0.9	>0.9	>0.9	<0.008	<0.1

表 5-40　　　　　　　市场推动的标准化因子载荷

问题项	成分
市场上消费者的需求（MS1）	0.67
产品目标市场的精准定位（MS2）	0.57
产品的质量和特色优势（MS3）	0.65
产品的价格市场价格竞争力（MS4）	0.97
农产品品牌的建设和影响力（MS5）	0.96

比较以上各拟合指标的实际值与参考值可知，大部分指标都不符合要求，故需要进行修正，从各问题项的标准化因子载荷值看，问题项 MS2 的载荷最低，故将 MS2 从模型中剔除，再次进行验证性因子分析后的结果如表 5-41 和表 5-42 所示。

表 5-41　　市场推动修正后验证性因子分析拟合指标的实际值与参考值

指标	χ^2/df	P	CFI	NFI	IFI	GFI	RFI	RMR	RMSEA
拟合值	3.047	0.048	0.995	0.993	0.995	0.989	0.978	0.023	0.087
参考值	<5	<0.1	>0.9	>0.9	>0.9	>0.9	>0.9	<0.008	<0.1

表 5-42　　　　　　市场推动修正后的标准化因子载荷

问题项	成分
市场上消费者的需求（MS1）	0.67
产品的质量和特色优势（MS3）	0.66
产品的价格市场价格竞争力（MS4）	0.98
农产品品牌的建设和影响力（MS5）	0.95

此时，可以看出 χ^2/df 的值为 3.047，大于 1，小于 5；GFI 值为 0.989，大于 0.9；NFI 为 0.993，大于 0.9；IFI 为 0.995，均超过 0.9 的理想水平；RMSEA 的值为 0.087，小于 0.1。比较各拟合指标的实际值与参考值可知，各项指标基本符合要求，说明该模型具有良好的拟合优度。同时，保留的四个问题项的标准化因子载荷值均在 0.6 以上，说明四个问题项都较好地测量了市场推动变量。

（5）人力资源因素变量的验证性因子分析。对人力资源因素变量的验证性因子分析结果如表 5-43 和表 5-44 所示。

表 5-43　人力资源因素验证性因子分析拟合指标的实际值与参考值

指标	χ^2/df	P	CFI	NFI	IFI	GFI	RFI	RMR	RMSEA
拟合值	1.996	0.076	0.992	0.983	0.992	0.985	0.967	0.024	0.061
参考值	<5	<0.1	>0.9	>0.9	>0.9	>0.9	>0.9	<0.008	<0.1

表 5-44　人力资源因素的标准化因子载荷

问题项	成分
返乡创业人员（HS1）	0.71
村内能人情况（HS2）	0.83
农村与高校联合培养的技术人才（HS3）	0.81
新型职业农民的培育（HS5）	0.79
村民对新产业新业态的认知程度（HS6）	0.72

通过表 5-43 可以看出，χ^2/df 的值为 1.996，大于 1，小于 5；GFI 值为 0.985，大于 0.9；NFI 为 0.983，大于 0.9；IFI 为 0.992，均超过 0.9 的理想水平；RMSEA 的值为 0.061，小于 0.1。比较各拟合指标的实际值与参考值可知，各项指标基本符合要求，说明该模型具有良好的拟合优度。同时，各问题项的标准化因子载荷值均在 0.7 以上（见表 5-44），说明五个问题项都较好地测量了人力资源因素变量。

（6）产业生产组织方式变量的验证性因子分析。对产业生产组织方式变量的验证性因子分析结果如表 5-45 和表 5-46 所示。

表 5-45　产业生产组织方式验证性因子分析拟合指标的实际值与参考值

指标	χ^2/df	P	CFI	NFI	IFI	GFI	RFI	RMR	RMSEA
拟合值	2.558	0.077	0.993	0.989	0.993	0.991	0.967	0.09	0.077
参考值	<5	<0.1	>0.9	>0.9	>0.9	>0.9	>0.9	<0.008	<0.1

表 5-46　产业生产组织方式的标准化因子载荷

问题项	成分
龙头企业的引领作用（OS1）	0.77
农民合作社的引领作用（OS2）	0.82
家庭农场的引领作用（OS3）	0.77
生产规模化集约化程度（OS4）	0.74

通过表5-45可以看出，χ^2/df的值为2.558，大于1，小于5；GFI值为0.991，大于0.9；NFI为0.989，大于0.9；IFI为0.993，均超过0.9的理想水平；RMSEA的值为0.077，小于0.1。比较各拟合指标的实际值与参考值可知，各项指标基本符合要求，说明该模型具有良好的拟合优度。同时，各问题项的标准化因子载荷值均在0.7以上（见表5-46），说明四个问题项都较好地测量了产业生产组织方式变量。

（7）农村三产融合发展效果变量的验证性因子分析。对农村三产融合发展效果变量的验证性因子分析结果如表5-47和表5-48所示。

表5-47　　　　农村三产融合发展效果验证性因子分析拟合
指标的实际值与参考值

指标	χ^2/df	P	CFI	NFI	IFI	GFI	RFI	RMR	RMSEA
拟合值	1.934	0.085	0.990	0.981	0.991	0.987	0.961	0.026	0.059
参考值	<5	<0.1	>0.9	>0.9	>0.9	>0.9	>0.9	<0.008	<0.1

表5-48　　　　农村三产融合发展效果的表转化因子载荷

问题项	成分
近三年农民收入增加幅度较大（IC1）	0.70
近三年农村经济增加幅度较大（IC2）	0.70
近三年农业竞争力明显增强（IC3）	0.74
近三年农业产业链延伸较快（IC4）	0.80
近三年农业与其他产业交叉融合现象增多（IC5）	0.71

通过表5-47可以看出，χ^2/df的值为1.934，大于1，小于5；GFI值为0.987，大于0.9；NFI为0.981，大于0.9；IFI为0.991，均超过0.9的理想水平；RMSEA的值为0.059，小于0.1。比较各拟合指标的实际值与参考值可知，各项指标基本符合要求，说明该模型具有良好的拟合优度。同时，各问题项的标准化因子载荷值均在0.7以上（见表5-48），说明五个问题项都较好地测量了乡村产业融合发展绩效变量。

5.4.3 结构方程模型构建

结构方程模型（structural equation modeling，SEM）是一种融合了因素分析和路径分析的多元统计技术，该方法在20世纪80年代就已经成熟。传统的统计方法对于不可直接观测潜变量，且要弄清多个原因、多个变量之间的关系的情况无法解决，而结构方程模型能弥补传统统计方法的缺陷，可同时考虑并处理多个变量，容许自变量和因变量含有一定程度的测量误差。同时，结构方程模型可以同时估计因子结构和因子关系，计算样本数据的整体拟合度，是集探索性因素分析、典型相关及多元回归分析于一体的多元数据分析的重要工具。[1] 本部分使用结构方程的AMOS22.0数据处理软件对变量之间的路径关系进行假设检验。

结构方程模型分析主要有五个步骤：一是模型设定。根据先前理论以及已有知识，通过推论与假设形成一个关于变量之间互为关系的模型，该模型用路径表明变量之间的因果关系。二是模型识别。这是结构方程模型设定的基本要求，模型的自由参数不能多于观察数据的方差和协方差综述，保证系统各个自由参数的唯一估计量。三是模型估计。最常用的使用最大似然法和广义最小二乘法对观测变量的方差和协方差进行参数估计，把固定参数和自由参数的估计代入结构方程，推到方差—协方差矩阵，使得每一个元素尽可能接近于样本中观察变量的方差—协方差矩阵中的相应元素。四是模型评价。这是对模型参数进行拟合度比较，考察提出的模型拟合样本数据的程度。[2] 五是模型修正。这主要是为了改进初始模型的适合程度。具体步骤如图5-1所示。

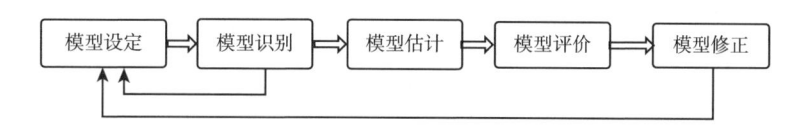

图5-1 结构方程模型步骤

---

[1] Grapentine T. Path Analysis vs. Structural Equation Modeling [J]. Marking Research，2000（3）：12-20.

[2] Kline. R B. Principles and Practice of Structural Equation Modeling [M]. New York：Guildford Press，1998：258-356.

5.5 模型估计与结果分析

根据前面的假设，结合验证性因子分析结果，本部分所建立的河南省农产三产融合发展驱动因素影响的结构方程模型如图 5-2 所示。

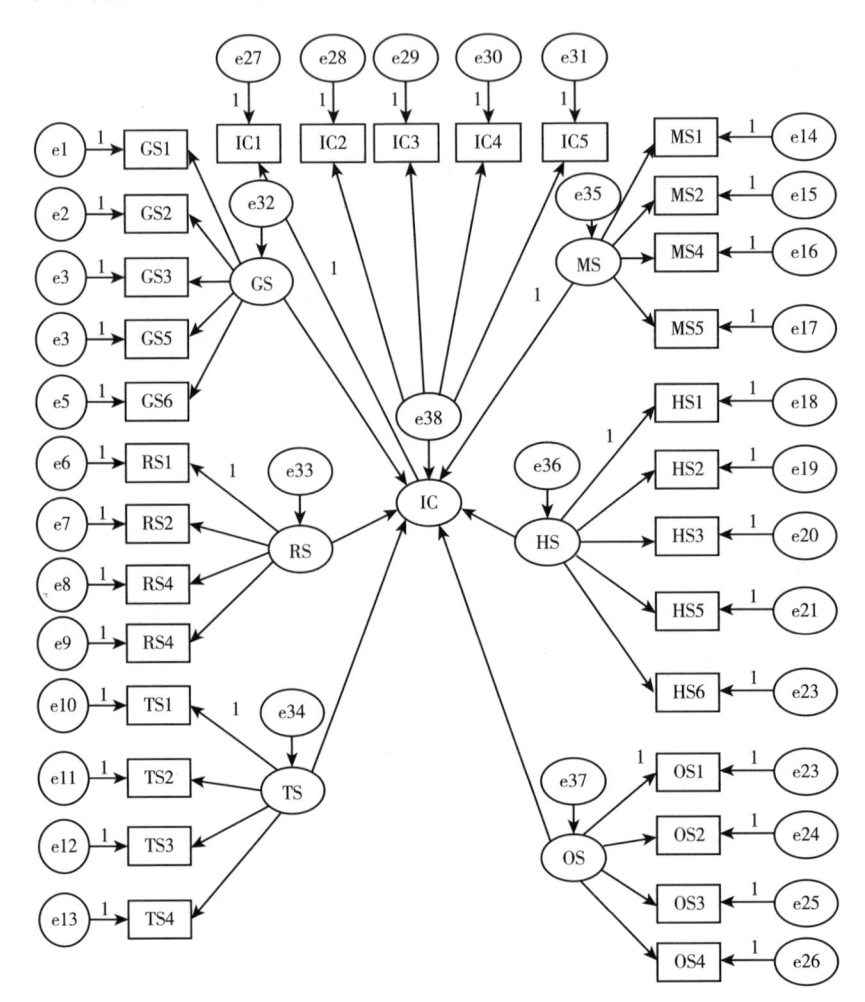

图 5-2 农村三产融合发展驱动因素的结构方程模型

从表 5-49 可以看出，χ^2/df 的值为 1.107，大于 1，小于 5；GFI 值为 0.903，大于 0.9；NFI 为 0.909，大于 0.9；IFI 为 0.990，超过 0.9 的理想水

平；RMSEA 的值为 0.020，小于 0.1。对各拟合指标的实际值与参考值进行比较可知，各项指标基本符合要求，说明该模型具有良好的拟合优度。因此，本部分所建立的乡村产业融合发展绩效影响结构方程模型的拟合效果比较理想。

表 5-49　　　　　结构方程模型拟合指标的实际值与参考值

指标	χ^2/df	P	CFI	NFI	IFI	GFI	RFI	RMR	RMSEA
拟合值	1.107	0.062	0.990	0.909	0.990	0.903	0.961	0.059	0.020
参考值	<5	<0.1	>0.9	>0.9	>0.9	>0.9	>0.9	<0.008	<0.1

根据结构方程模型估计结果，得到的结构方程以及各测量模型的路径系数情况如表 5-50 所示。

表 5-50　　　　　　　　结构方程估计结果

路径	未标准化路径系数	S.E	C.R.	P	标准化路径系数
IC←GS	0.153	0.053	2.895	0.004	0.198
IC←RS	0.162	0.054	2.972	0.003	0.195
IC←TS	0.150	0.053	2.815	0.005	0.178
IC←MS	0.176	0.069	2.548	0.011	0.163
IC←HS	0.158	0.067	2.355	0.019	0.158
IC←OS	0.197	0.06	3.273	0.001	0.225

从表 5-50 可以看出，对于河南省农村三产融合而言，农业组织方式对农村产业融合影响最大，标准化路径系数为 0.225；政府支持及资源禀赋也影响较大，标准化路径系数分别为 0.198 和 0.195；技术创新融合标准化路径系数为 0.178，排在第四位；市场环境对农村产业融合较小，标准化路径系数为 0.163；影响最小的是人力资源，标准化路径系数为 0.158。

各测量模型的路径测量具体结果如表 5-51 所示。

表 5-51　　　　　　　各测量模型的路径系数

路径	未标准化路径系数	S.E.	C.R.	P	标准化路径系数
GS1←GS	1.000				0.745
GS2←GS	0.784	0.081	9.716	***	0.64
GS3←GS	0.831	0.078	1.709	***	0.707

续表

路径	未标准化路径系数	S.E.	C.R.	P	标准化路径系数
GS5←GS	0.931	0.080	11.625	***	0.773
GS6←GS	0.999	0.089	11.270	***	0.746
RS1←RS	1.000				0.839
RS2←RS	0.918	0.056	16.312	***	0.833
RS3←RS	0.980	0.055	17.812	***	0.866
RS4←RS	0.970	0.059	16.537	***	0.841
TS1←TS	1.000				0.958
TS3←TS	1.027	0.029	35.614	***	0.962
TS5←TS	0.831	0.039	21.143	***	0.824
TS6←TS	0.900	0.043	2.711	***	0.817
MS1←MS	1.000				0.669
MS3←MS	0.804	0.082	9.811	***	0.639
MS4←MS	1.459	0.104	13.989	***	0.979
MS5←MS	1.418	0.102	13.889	***	0.956
HS1←HS	1.000				0.678
HS2←HS	1.159	0.101	11.500	***	0.824
HS3←HS	1.213	0.107	11.333	***	0.808
HS5←HS	1.140	0.103	11.114	***	0.788
HS6←HS	0.945	0.100	9.451	***	0.652
OS1←OS	1.000				0.772
OS2←OS	0.962	0.075	12.813	***	0.815
OS3←OS	1.017	0.084	12.135	***	0.766
OS4←OS	0.917	0.078	11.729	***	0.741
IC1←IC	1.000				0.69
IC2←IC	1.003	0.103	9.715	***	0.683
IC3←IC	1.020	0.099	1.268	***	0.729
IC4←IC	1.117	0.102	1.910	***	0.790
IC5←IC	0.987	0.101	9.743	***	0.686

注：*** 表示 $P<0.001$。

由以上结果可知,无论农村产业融合发展绩效与各变量之间还是各测量模型中,其路径系数均通过了5%水平的显著性检验(P<0.05)。GS、RS、TS、MS、HS、OS 对 IC 的标准化路径系数都为正数,说明政府支持、当地资源禀赋、技术与创新引领、市场推动、人力资源因素、产业生产组织方式都对乡村产业融合发展绩效存在显著的正向影响。因此,本章所提出的假设 H5-1、H5-2、H5-3、H5-4、H5-5、H5-6 都得到了验证。

进一步比较各因素对河南省农村三产融合发展绩效的影响情况,可以看出产业生产组织方式的影响程度最大,产业的组织方式、利益的分配方式、生产的规模化对河南省农村三产融合的推动作用最为显著。河南省在今后的发展中,要重视农业产业组织方式的创新和培养,尤其要持续不断地增强新型农业经营主体的建设力度。各类新型农业经营主体虽然组合方式不同,功能定位各具优势,但他们对市场反应灵敏,对新品种新技术新装备适用能力强,勇于尝试新产业新业态、新模式。河南省农村三产融合中要推动新型经营主体发展壮大、模式创新、资源整合、政策创设,引领广大小农户走同现代农业相结合的发展之路,为全面推进乡村振兴、加快农业农村现代化提供有力支撑。

推动河南省农村三产融合发展第二位驱动因素是政府的促进作用。在农村三产融合发展过程中,政府的推进作用体现在很多方面,既是规划与政策的制定者,也是融合产业发展的服务员,还是融合主体成长的监督人。具体来讲,政府在政策制定、组织建设、制度保障、土地保障、督导保障、平台服务等方面对农村三产融合发挥着重要作用,因此在今后的发展中,还要坚持政府对河南省农村三产融合的支持力度,充分发挥政府的经济调节、市场监管、社会治理、公共服务等职能,提升河南省农村三产融合质量。同时,政府也要与时俱进,在支持手段上做到持续创新。

推动河南省农村三产融合的第三位是资源禀赋,可见资源禀赋条件在河南省农村三产融合发展中起到基础性作用。资源合理运用,直接决定着投入产出效率和经济效益,它能够引导产业融合发展的方向和路径。立足于资源优势,结合市场需求进行农村三产融合,才能发挥农村优势,规避项目雷同或千篇一律,实现帕累托最优,同时,农业农村发展才有可持续性。但是要做到有效发挥,还是要依托于其他的技术手段和创新引领。

技术与创新引领在推动河南省农村产业融合发展中起到的作用排到第四位,而且相较于其他因素,差距较为明显,且排位比较靠后。技术与创新引领是产业发展的原动力,农村经济发展中,科技与创新引领不仅能促进农业结构调整中新技术、新品种的运用,而且在拉长产业链、拓展农业多功能性和农业多业态发展方面都有重要作用,但是河南省农村三产融合受到技术的支持还没有得到很有效的发挥。河南省农村三产融合还处于初级阶段,融合水平、融合层次、产业链、附加值等方面还有较大提升空间,具体表现在新型农业经营主体培育偏慢,新型技术人才和管理人才缺乏,适应带动农村三产融合的创新动力不足。河南省农村三产融合发展过程中,有效的技术支持和创新引领还存在不足。

市场对农村三产融合的推动力度不足,可能是由于河南省是传统的农业大省,主要发展的基本上都是传统农业,新兴的产业还没有得到有效发展,而传统的农产品对市场的敏感度不足,因此,市场对河南省农村三产融合发展的推动力度不大。随着河南省新兴产业的不断发展,今后河南省农村的三产融合,要在农产品的生产、加工和销售整体上遵循"市场导向、坚持质优、差异发展"的策略,坚持以市场为导向进行产品研发和生产销售,注重农产品质量安全;要在构建全渠道销售模式的同时,稳步提高农产品就地转化率,力图将更多的产业利润留存本地;要注重实施差异化策略,满足不同层次消费者的需求,提高产品市场占有率。

在河南省农村三产融合发展中,人力资源对三产融合的推动力度最弱,而且与其他动力因素相距较大,从中可以看出,由于农村空心化,老龄化,人才外流化等方面的因素,河南省农村人力资源不足。河南农村户籍人口5 171万人,是中国农村人口唯一突破5 000万人的省份。然而,河南省外出务工的农民工高达2 876万人,超过农村户籍人口的1/2。这些外出务工人员大多是青壮年,而留守农村的则是妇女、儿童和老年人。河南省农村三产融合在发展的过程中缺少相关的人才,新型职业农民、技术人员、人力资源作用还没能得到有效发挥,对产业融合不能起到很好的促动作用。河南省今后的发展过程中要更加注重人才的培养,积极引导返乡创业的农民,发挥治村能人的作用,要提高农户的人力资本水平,增强其对于理论知识的了解,丰富农民眼界,更好地指导农村产业融合实践,促进农村产业融合进程。

在河南省农村三产融合的效果中,农业产业链的延长增效较大,这与当前河南省农村发展现状比较相符。河南省是粮食大省,近年来,尤其是在政府提出"粮头食尾""农头工尾"的发展战略之后,河南省更加注重农产品加工业,形成"种养加、产加销"一体化发展模式。农产品加工业成为河南省两个万亿级产业之一，培育了双汇、思念、三全、好想你等一大批知名品牌，2019年规模以上农产品加工业实现营业收入1.18万亿元，位居全国第二位，农产品出口到130多个国家和地区，实现了从"国人粮仓"到"国人厨房"和"世人餐桌"的转变。农业产业链不断拉长，产品附加值逐步增加，为河南省农业发展、农民收入增加提供了可能。

在河南省农村三产融合的效果中，排在第二位的是农业竞争力，提升效果最为明显。河南省近些年来大力发展现代农业，支持发展高效种养业和绿色食品业，优质小麦、优质花生、优质林果分别达1 200万亩、2 200万亩、1 300万亩。各地市还注重发展绿色化、品质化的农业，尤其是利用河南省广大丘陵山区丰富的动植物资源和绿色景观资源等，瞄准城市居民消费结构升级的新需求，高起点开发绿色化、小宗化、个性化、定制化等高附加值农产品，大力发展多功能农业，农业竞争力有所增强。

农业多功能性发挥以及农业与电子商务、金融等行业的交叉性融合，对河南省三产融合发展影响相对较低。可见，河南省近年来虽然在农业多功能性上、与第三产业融合方面有所发展，但效果还不够显著。河南省还需要在农业多功能开发、现代技术运用上多下功夫，尤其要进一步推进"互联化+农业"发展，重点加强农产品分等分级、加工包装、冷链物流、电商服务等能力建设，确保农产品出村"出得来，出得好，而且出得好价钱"，提升农村三产融合质量。同时，在河南省农村三产融合过程中，对农民的收入影响还不足，与其他的融合效果相比，农民收入相对较低，差距较大。另外，农村经济也没有得到明显的提高。农村三产融合的根本目的是促进农业经济发展，带动农民增收，这也是国家出台各种政策鼓励支持农村三产融合的重要意义。今后河南省农村三产融合发展中要注重农村三产融合利益分配机制的完善，让农户能参与到各环节的利益分配当中，提升农户增收能力，同时，还要立足当地，因地制宜地制定产业发展政策，选择合适项目，提高农村经济水平。

5.6 本章小结

本章根据理论分析，参考前人的研究经验，构建了河南省农村三产融合驱动因素指标体系，并设计调查问卷，对政府支持、技术与创新引领、市场推动、产业组织方式、人力资源要素等对农村三产融合发展的影响情况进行了调查，利用统计软件对数据进行处理分析，对模型框架进行最合理的确定。数据分析过程主要采用 SPSS 软件和结构方程模型软件 AMOS。统计分析过程主要包括信度分析、效度分析和验证性因子分析等。结果显示，政府支持、技术与创新引领、资源禀赋、产业组织方式、人力资源、市场推动等都对农村三产融合发展产生正向影响，其中，产业组织方式对农村三产融合的影响最大，远高于其他因素，因而对河南省新型农业经营主体的培育和联合非常重要。政府支持和所在区域资源禀赋居于中间位置，技术与创新引领、市场推动能够推动河南省农村三产融合的发展，但影响力要低于前三项。排在最后的是人力资源因素。可见，在河南省农村三产融合发展中，技术与创新引领作用不够、市场资源配置效率的低下和人力资源不足是河南省农村产业三产融合发展动力不足的主要原因。

第6章 河南省农户参与三产融合的意愿及其影响因素研究

——以粮食主产县为例

第5章通过对新型农业经营主体进行调研,了解了推动河南省农村三产融合的驱动因素以及影响力。河南省经营规模在50亩以下的农户有1 817.59万户,占到农业经营主体的99.86%,小农户从业人员占农业从业人员的97.6%。通过农村三产融合,促进河南省农业经济发展,带动农民增收,普通小农户的意愿要重点考虑。2018年中央一号文件强调加强小农户与现代农业有机衔接,虽然调研的部分区域存在着三产融合的现象,但在调研中发现,河南省部分农户并没有在企业或合作社的带领下参与三产融合。若只通过动力因素推动融合主体开展三产融合,农户的参与意愿不强,参与人数过少,依然无法有效发挥三产融合提高农户收入的作用,三产融合的整体效应就相对不足。普通农户是农村三产融合发展的重要载体,是重要参与者和受益者。[1] 推动农村三产融合,既要让小农户分享第二、第三产业增值收益,同时也要推动小农户充分发挥主观能动性,积极融入农村产业中,从而拓展增收渠道。[2] 本章将从微观视角出发,研究农村三产融合的农户行为意向,可以指导农村三产融合参与机制的制定,从而为农村三产融合发展对策提供理论支持。

6.1 研究区域概述

河南省共有17个省辖市、1个省直管市,20个县级市,84个县,53个市

---

[1] 郑风田. 一二三产业融合应发挥好各级的主体作用 [J]. 中国合作经济, 2016 (12): 17-23.
[2] 彭超, 张效榕. 乡村产业振兴中的市场主体发展及启示 [J]. 农村经营管理, 2019 (8): 34-35.

辖区。其中滑县、固始县、永城市、唐河县、太康县、邓州市等20个县（市）被国家认定为产量超10亿斤的产粮大县，这些产粮大县（市）是河南省的粮食主产区，常年粮食总产量约占河南省的20%，粮食总产量和商品量均居河南省第一位，是全国重要的大型商品粮基地，是我国粮食生产核心中的重点区域。

河南省粮食主产县（市）粮食产量虽然位居前列，共同特点是以农业为主要的经济支柱，其他领域发展相对滞后。但在全国工业化、城镇化高速发展的环境下，其面临种种困难：粮食生产成本不断上升，种粮效益低下；地方财政收入低，资金需求矛盾大；农业基础条件差；农村发展落后、贫困人口多；资源环境压力大；政府抓粮食生产和农民种粮积极性下滑等。以河南省产粮第一大县——滑县为例，2019年滑县粮食总产达到143.54万吨，连续28年保持河南省第一位，是全国小麦产量第一县。但是，滑县经济结构单一，第二、第三产业相对滞后，税源少、财力有限。2003年以前，滑县税收来源中农业税占全部税收的近50%。2004年国家取消农业税，滑县财政收入锐减。经过近些年的发展，滑县经济发展水平总体不断提升。2020年全县财政收入146 834万元，县本级一般财政预算收入53 991万元，但当年财政支出达740 280万元，县本级财政支出644 916万元，其中，农业补贴资金26 652.26万元，支持集体经济发展资金1450万元，农村厕改资金1 873.68万，农村路网建设资金1 428万元，高标准农田建设资金9 000万元，地下水治理12 280万元。① 县财政每年还要承担科技支出、教育费用、农村合作医疗、最低生活保障、计划生育奖励扶助、农村基础设施建设项目等配套资金，财政缺口较大。本章将以河南省重点产粮大县为样本，采用入户调查、个人深度访谈等方法，从农户视角了解普通农户参与农村三产融合的意愿和影响因素。

6.2 理论分析和研究假设

6.2.1 理论分析

计划行为理论是由美国心理学家艾奇森（Ajzen）于20世纪80年代提出

---

① 关于滑县2020年财政预算执行情况和2021年财政预算（草案）的报告［EB/OL］. http：//www.hnhx.gov.cn/portal/index.htm.

的，其是理性行为理论（theory of reasoned action，TRA）的继承者。计划行为理论认为，个人的行为并不是完全出于自愿，而会受到外界诸如资金、技术、环境等因素的影响，因此，艾奇森等人对理论行为理论加以补充，将自我"行为控制认知"（perceived behavior control）的概念引入研究中。计划行为理论一般包含五个要素，包括行为态度、主观规范、行为控制、行为意向和实际行为，而个人的态度认知、主观规范和行为控制是核心要素，行为意向受到这三项相关因素的影响。① 具体模型图如图6-1所示。

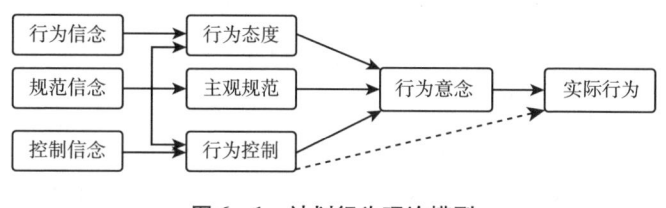

图6-1 计划行为理论模型

计划行为理论已经发展得比较成熟，对于行为的预测可以使用如下公式进行表示：

$$BI = W_1 A + W_2 SN + W_3 PBC$$

其中，A表示行为态度；SN表示主观规范；PBC表示知觉行为控制；BI表示行为向；W_1、W_2、W_3分别公式中的回归系数。

在计划行为理论中，个体行为意识与多个因素有关，受个人能力、资源与机会等实际条件制约，② 行为态度、主观规范以及知觉行为控制同向变化，个人及社会文化等因素影响行为信念，从而间接影响行为态度、主观规范以及知觉行为，这三个概念既彼此独立，但由于有共同信念做基础，又两两相关。

关于农户参与农村三产融合意愿及影响因素的研究，现阶段并未形成统一的研究结论。段培（2017）等构建认知、意愿与行为的农户外包个体响应理论框架，采用Mv-probit模型和Poisson模型实证分析了河南和山西两省小麦种植业技术密集环节外包的个体响应及影响因素，研究认为播种环节、植保环节和追肥环节之间存在正相关关系；外包意愿直接影响外包行为，同时，

---

① Ajzen I. The theory of planned behavior [J]. Organizational Behavior and Human Decision Processes, 1991 (2): 179-211.
② 陈鹏. 农村宅基地退出驱动力及机制研究 [D]. 哈尔滨：东北农业大学，2019.

外包认知通过外包意愿间接影响外包行为；外出务工工资、小麦种植规模、户主年龄、户主受教育程度、小麦种植年限、技术培训是影响农户技术密集环节外包行为的重要影响因素。郑伟（2018）运用Logistic二元回归分析方法，对农民参与农家乐的意愿及其影响因素进行分析，研究认为影响农民参与意愿的主要因素为政府政策、农民对农家乐的认知度、当地经济发展水平。姜卓简等（2018）基于拓展的农户经济行为理论，运用Logit回归模型分析参农参与产业融合的意愿及其影响因素，认为农户参与三产融合意愿度整体较高，资源禀赋差异、感知行为控制、利益联结紧密度和满意度对参农参与人参产业融合的意愿有影响，其中，文化程度、种植面积、收入预期、利益分配方式、对政府满意度对参农参与意愿的影响并不显著，而参农的年龄、对风险的认知、利益分配机制、参与企业务工、分享旅游收益和对其他利益主体的满意度对参农的参与意愿呈显著的正向影响，利益联结紧密度作为与参农收益关联程度最高的变量，对其参与意愿影响更大。刘斐等（2019）通过研究计划行为理论的个体响应机理，认为农村产业融合是否能有效实现农民增收、激发农村活力，关键在于农户个体的响应程度，其中，三产融合的相关政策、实现价值收益、面临的风险程度等方面和农户响应积极与否有相关关系，前两者对农户响应有积极正向影响，后者对农户响应有消极负向影响策。杨艳丽（2020）依据计划行为理论，利用农户微观调查数据与计量模型，实证分析认为户主性别、年龄、文化程度、对农村产业融合的认知程度、现有农作物播种面积、近三年年均收入、是否加入了合作社、是否外出务工都对农户参与农村三产融合的意愿有影响。徐小阳和马悦（2021）将资本禀赋融入计划行为理论，研究农户土地入股意愿与行为的影响因素，结果表明，国家政策、自然环境和资本禀赋是影响农户土地入股意愿与行为的关键因素；而行为态度、主观规范、感知行为控制对土地入股的意愿与行为产生重要影响。其中，主观规范对意愿与行为具有显著的直接影响；资本禀赋对意愿与行为具有显著的间接影响。总结而言，农户参与三产融合意愿的影响因素可归纳为个体、家庭等农户资源禀赋，政策、风险、收益等感知，利益分配，外部环境等评价等几个方面。而这些可归结到计划行为理论的行为态度、主观规范、知觉行为控制三要素中，这三个要素决定着农户意愿，从而影响农户决策行为。

6.2.2 研究假设

根据计划行为、农户决策行为等相关理论，借鉴前人研究成果，并结合本书研究目标，农户参与农村三产融合的意愿可能与四大方面因素有关。

6.2.2.1 农户基本特征对参与农村三产融合有影响

由于农户对是否参与农村三产融合的判断并非一个随机行为，而是农户基于自身具有的某些特性而做出的一种行为选择结果，也即具有经济理性特征的自我选择（self-selected）的结果。[①] 年龄越小和受教育程度越高的农民越可能接受新的生产经营方式。随着年龄的增长，农民可能更加依赖传统的生产经营方式和过往的经验，故年龄对其参与意愿最终会产生负向影响。文化程度影响农民认知和接受新事物的能力，农民受教育程度越高，越容易理解参与三产融合转变生产经营方式的重要性，其对先进生产技术的学习能力也会更强。除此之外，农户是否参与农村三产融合可能受性别影响。

基于上述分析，提出以下假设：

H6-1：农户年龄与参与农村三产融合的意愿负相关。

H6-2：受教育程度与参与农村三产融合的意愿正相关。

6.2.2.2 家庭特征对农户参与农村三产融合有影响

家庭禀赋已经成为学者们研究农户参与意愿的常规变量。农业生产需要劳动投入，家庭人口对农业生产质量、规模都有重要影响。农户是理性的"经济人"，收入对农户决策有着重要影响，农业收入高，农户更愿意从事农业生产活动，且愿意让农业生产发挥其更大的价值。因此，一般情况下，外出务工人员多、家庭总收入高的家庭以及五保户或贫困户家庭会更愿意参与产业融合，家庭务农人口数多则更不愿意参与融合。五保户或贫困户大多年老体弱，更愿意土地流转或以入股形式参与其他经营主体的经营。家庭务农人口多的家庭更愿意自己掌控农业生产，不愿意参与三产融合。拥有更多土地资源的农户相比于土地资源少的农户对突破技术瓶颈和规模经营的需求会

[①] 李韬. 粮食补贴政策增强了农户种粮意愿吗？——基于农户的视角 [J]. 中央财经大学学报, 2014 (5): 86-94.

有所降低，也更愿意自己掌控农业生产。

基于上述分析，提出以下假设：

H6-3：家庭总收入、五保户或贫困户家庭与参与农村三产融合的意愿正相关。

H6-4：家庭人口、农业劳动人口数量、种植规模、农业收入情况与参与农村三产融合的意愿负相关。

6.2.2.3 感知行为控制对农户参与农村三产融合有影响

感知行为控制是指个体所掌握的与所处环境相关的信息，并且根据这些信息做出决定的能力。普通农户多是风险的规避者和利润的追求者，其决策行为会受个人对外界环境感知的影响。[①] 国家制定农村三产融合的目的是通过第二、第三产的带动，促进农业经济可持续发展，并带动农民共同富裕。农业对三产融合的各种政策越了解，越清楚国家产业导向，则越愿意参与三产融合，且更能保护自身利益，形成良性循环。风险感知是指感知风险主体对正在或潜在可能影响的各种不确定后果的感知和识别，强调的是感知风险主体的感受对直观判断的影响。[②] 农户对农村三产融合中可能存在风险的感知越强，认为风险越大，规避风险的愿望可能会越强，越不愿意参与三产融合。农户参与三产融合的目的是参与产业链的利益分配，提高农业收入，农户对参与三产融合后收入的预期越好也就越愿意参与融合，如果参与产业融合后的收入预期不会明显增加，会使农户参与产业融合的意愿降低。

基于上述分析，提出以下假设：

H6-5：对农村三产融合政策的了解程度、政策的认知以及对收入的预期与参与农村三产融合的意愿正相关。

H6-6：对风险的感知与参与农村三产融合的意愿负相关。

6.2.2.4 外部环境状况对农户参与农村三产融合有影响

普通农户都是追求利润的理性"经济人"，能否实现增收将在很大程度上影响其参与三产融合的意愿。而参农能否实现增收要通过与其他相关主体的利益联结机制来实现。姜长云（2016）认为，农村三产融合利益联结尚不

---

① 吴江. 感知控制及其对消费者行为影响研究综述 [J]. 消费导刊, 2010 (3): 14-15.

② Bauer R. A. Consumer behavior as risk taking: dynamic marking for a c hanging world [C]. Proceedings of the 43th Conference of the American Marketing Association, 1960: 389-398.

完善，对农户带动不足，影响农户通过产业融合获得实惠。任志江（2017）的研究表明，稳定紧密的利益联结更有可能让农户学习生产技术、分享更多收益。因此，农户能否与其他融合主体真正实现利益联结，甚至利益联结的紧密程度都直接影响农户参与农村三产融合的意愿。

农村三产融合发展是多主体之间的融合，不管是信息掌握情况，还是参与融合深度上，农户常常可能是多元融合主体中处于弱势地位的一方，若其在与其他利益主体的合作中利益无法得到保障，会造成其满意度低，那么自然会影响农户参与农村三产融合的意愿。反之，若农户在合作中对其他利益主体满意程度较高，其参与意愿可能较强。侯茂章等（2021）研究发现，满意度是反映农户参与农村三产融合意愿影响较大的指标之一。

基于上述分析，提出以下假设：

H6-7：农户对利益联结满意度、对合作社、企业、政府满意度与参与农村三产融合的意愿正相关。

6.3 数据来源及模型选择

6.3.1 数据来源

本部分数据来源于实地调研资料。对农户的调研主要是以问卷调查为依托，调查问卷主要包括四个部分的内容：（1）农户个体特征情况，包括受访者的参与意愿、性别、年龄、受教育程度、家庭规模等；（2）农户家庭特征，包括种植规模、收入、劳动力人数、是否为五保户或贫困户等；（3）农户感知行为，包括对风险、收益、政策等的认知情况；（4）农户对外部环境的评价，包括农产品价格波动影响评价、利益联结情况评价以及对合作社、企业、政府等的满意度评价。

为了全面了解河南省农户参与三产融合的需求，本调查依据区域性和代表性，在2018年7~8月至2019年1~2月对河南省20个产粮大县71个行政村的农户展开利益补偿需求问卷调查。为了保障样本具有代表性，本调查采取分层抽样抽取样本，首先对每个产粮大县所属乡镇按照经济发展状况分为上、中、下三个层次，其次分别从这三个层次中平均分配预样本数，最后采取随机抽取样本。此次调研共发放问卷600份，回收581份，经过处理有效问卷 566 份，见表 6-1。

表 6-1　　　　　　　　　被调查农户地区分布情况表

地区	户数	所占比例（%）	地区	户数	所占比例（%）
滑县	30	5.3	虞城	29	5.1
固始	28	4.9	濮阳	26	4.6
唐河	30	5.3	鹿邑	30	5.3
永城	29	5.1	西平	29	5.1
太康	28	4.9	淮阳	27	4.8
邓州	29	5.1	郸城	27	4.8
商水	27	4.8	正阳	29	5.1
上蔡	28	4.9	新蔡	28	4.9
夏邑	27	4.8	沈丘	29	5.1
息县	28	4.9	项城	28	4.9

6.3.2　模型选择

计划行为理论认为，行为的发生取决于个人的特定行为态度。基于赫伯特·西蒙（Herbert Simon）有限理性决策理论，农户作为理性"经济人"，以利润最大化为目标，参与农村三产融合的意愿是一种理性支配下的经济行为，通过对成本与预期的比较，判断产业融合带来的经济收益。同时，农户作为"社会人"，其参与农村三产融合也受到认知、意愿的影响，最后做出的参与融合的行为也不同，这是一个综合决策的过程。由于农户参与三产融合意愿影响因素分析的因变量是二分类变量，主要为愿意或不愿意，故使用二元 Logistic 回归模型来分析。

本部分的研究是分析农户参与农村三产融合意愿及影响因素，可以借鉴参与意愿评价方法，测算影响因素 X 对因变量 Y 的变化效应，构建如下模型：

$$Y = f(X_1, X_2, X_3, \cdots, X_n)$$

其中，Y 为因变数；$X_1, X_2, X_3, \cdots, X_n$ 为自变量。

研究中，因变量为农户参与农村三产融合的意愿。在调查中，设置了"是"和"否"两个答案选项，把"是"赋值为"1"，把"否"赋值为"0"，自变量 Y 为二分类变量。

对自变量是二分类变量的分析使用非线性函数，最常用的非线性函数就是 Logistic 分布。Logistic 函数的一般形式为：

$$P = (Y_i = 1 \mid X_i) = \frac{1}{1 + e^{(\alpha + \beta X_i)}} \tag{6-1}$$

其中，X_i 为自变量；α 和 β 分别为回归截距和回归系数。

将事件发生的条件概率标注为 $P = (Y_i = 1 \mid X_i) = P_i$，就可以得到如下 Logistic 模型：

$$P_i = \frac{1}{1 + e^{-(\alpha + \beta X_i)}} \tag{6-2}$$

其中，P_i 为第 i 个事件发生的概率，它是由解释变量 X_i 构成的非线性函数。

事件不发生的概率则为：

$$1 - P_i = 1 - \frac{1}{1 + e^{-(\alpha + \beta X_i)}} = \frac{1}{1 + e^{(\alpha + \beta X_i)}} \tag{6-3}$$

事件发生和不发生的概率之比（odds）为：

$$\frac{P_i}{1 - P_i} = e^{(\alpha + \beta X_i)} \tag{6-4}$$

这是用于反映两个相关二项分类变量之间关系的指标，被用来度量某自变量对因变量效应影响程度的大小。其含义：在其他自变量固定不变的情况下，某一自变量 X_j 改变一个单位，因变量对应的发生比率平均改变 $\exp(b_j)$ 个单位。

对式（6-4）两边取对数可得：

$$\text{Ln} \frac{P_i}{1 - P_i} = \alpha + \beta X_i \tag{6-5}$$

进一步转换为：

$$\text{Ln} \frac{P_i}{1 - P_i} = \alpha + \beta_1 x_{1i} + \beta_2 x_{2i} + \beta_3 x_{3i} + \cdots + \beta_k x_{ki} + \varepsilon_i \tag{6-6}$$

其中，P_i 是农户参与农村三产融合发生的概率；x_i 是解释变量，即影响农户参与农村三产融合意愿的因素；β 是表示影响因素的系数大小；α 是截距项；ε_i 是误差项。

6.3.3 变量界定

结合学者们的研究和前面的理论分析，对于测度河南省农户参与三产融合的意愿及影响因素,本部分从农户的个体特征因素、农户家庭特征、感知行为控制和外部环境四个维度选取影响因素变量。具体指标说明以及方向预测如表6-2所示。

表6-2 变量定义和预计方向

变量类型	变量名称	变量定义	预计作用方向
被解释变量	农户参与农村三产融合意愿（Y）	是=1,否=0	
解释变量			
农户基本特征	年龄（X_1）	按农户实际年龄	负向
	性别（X_2）	男=1,女=0	不确定
	文化程度（X_3）	小学及以下=1,初中=2,高中及中专=3,大专以上=4	正向
家庭基本特征	家庭规模（X_4）	3人及以下=1,4人=2,5~6人=3,7人以上=4	负向
	是否五保户或贫困户（X_5）	是=1,否=0	正向
	种植规模（亩）（X_6）	按农户实际统计	负向
	家庭总收入（X_7）	按农户实际统计	正向
	务农收入（X_8）	按农户实际统计	负向
	劳动力数量（X_9）	按农户实际统计	负向
感知行为控制	对风险的感知（X_{10}）	非常小=1,比较小=2,不确定=3,比较大=4,非常大=5	负向
	对收益的感知（X_{11}）	非常小=1,比较小=2,不确定=3,比较大=4,非常大=5	正向
	对政策的感知（X_{12}）	非常不了解=1,不了解=2,基本了解=3,了解=4,非常了解=5	正向
外部环境	农产品的价格波动的影响（X_{13}）	非常小=1,比较小=2,不确定=3,比较大=4,非常大=5	正向
	利益联结满意度（X_{14}）	非常不满意=1,不满意=2,基本满意=3,满意=4,非常满意=5	正向
	对企业的满意度（X_{15}）	非常不满意=1,不满意=2,基本满意=3,满意=4,非常满意=5	正向
	对合作社的满意度（X_{16}）	非常不满意=1,不满意=2,基本满意=3,满意=4,非常满意=5	正向
	对政府的满意度（X_{17}）	非常不满意=1,不满意=2,基本满意=3,满意=4,非常满意=5	正向

6.4 农户参与三产融合意愿的影响因素分析

6.4.1 描述性统计分析

根据调研情况,在受访的 566 个农户中,年龄区间在 40~50 岁和 30~40 岁之间的农户分别占 38.7% 和 25.1%,说明受访者主要为有一定种植经验的农户;受访者的初中及以下学历占 85.4%,说明农户的知识文化水平普遍不高;在家庭人口特征中,家里 4 口人的占 39.3% 和家里 3 口人或 3 口人以下的占 29.1%,说明调研样本地农户家庭人口总数都不高。在是否为贫困户或五保户中,占比相对较少。对调研对象的基本情况统计如表 6-3 所示。

表 6-3 变量描述性统计分析(1)

统计指标		样本数(人)	占比例(%)	统计指标		样本数(人)	占比例(%)
性别	男	347	61.3	文化程度	小学及以下	307	54.2
	女	219	38.7		初中	177	31.2
年龄	30 岁及以下	119	21.1		高中或中专	74	13.1
	30~40 岁	142	25.1				
	40~50 岁	219	38.7		大学专科及以上	8	1.5
	50 岁及以上	86	15.1				
是否五保户或贫困户	是	544	96.1	家庭人口状况	3 人及以下	165	29.1
					4 人	222	39.3
					5~6 人	139	24.5
	否	22	3.9		7 人及以上	40	7.1

资料来源:根据调研资料整理。

在受访的 566 个农户中,愿意参与产业农村三产融合的户数是 403 人,占 71.2%,整体参与意愿较高,样本农户农业收入在家庭收入中占比依然很高,非农业收入在农户家庭收入占比约为 14.7%。家庭年收入均值为 9 567 元,人均种植规模为 7.73 亩,农业收入占家庭总收入的比重平均值为 80.86%,说明农业收入为被调查者的最主要经济来源。农产品价格风险认知方面，25.9%的农户认为有一定的风险，38.2%的农户认为参与农村三产融合有很高的价格风险，说明农户对农业未来发展还心存担忧。51.9%的农户认为加入农村三产融合收入提高的趋势不够明确。其原因可能是近几年，无论是农产品价格还是土地流转等农业投入要素价格都有一定波动，产业面临着一定的市场波动，农户参与三产融合是否能享受到利润分配不够清晰。农村三产融合政策认知方面，49.1%的农户认为了解一般，比较了解的农户占31.6%，说明随着各级政府的广泛宣传，农户对农村三产融合发展方式有一定了解，但了解得还不够全面和深入。相关利益主体的满意程度方面，农户对政府的满意度最高，这可能是由于近年来，政府对农业的支持力度不断加大，尤其是实施乡村振兴以来，河南省各级政府一方面通过各种补贴政策强农惠民，另一方面加大农业资金投入，支持农业项目建设。这些政策的落实，农民实实在在得到了实惠。对企业的满意度一般，占43.6%的人对企业带动产业融合能力的满意度一般，16%的农户表示不太满意，说明企业带动产业融合能力还需加强。在所调研的区域，农业企业，尤其是规模较大的龙头企业数量还不是很多，中小型企业可能更多考虑的是盈利的目的。对合作社的满意度方面，有39.6%的农户对农民合作社比较满意，合作社在所调研的区域存在得最多，农户满意度高，说明合作社发挥了带动农户增收的作用。被调研对象意愿等因素的描述性统计分析如表6-4所示。

表6-4　　　　　　　　变量描述性统计分析（2）

描述性统计	最小值	最大值	均值	标准差
是否愿意参加农村三产融合	0	1	0.712	0.454
种植规模（亩）	30	400	7.73	43.23
年家庭总收入（元）	4 000	47 000	12 641.51	6 629.95
年家庭务农收入（元）	4 000	47 000	10 221.92	4 645.25
劳动力人数	1	5	2.65	0.919
风险认知	1	5	3.33	0.835
收益认知	1	5	3.28	0.856
对政策的感知	1	5	3.35	0.810
农产品价格影响	2	5	4.07	0.868
农户对企业满意度	3	5	4.25	0.713
农户对合作社满意度	2	5	4.34	0.708
农户对政策满意度	3	5	4.49	0.732

资料来源：根据调研资料整理。

6.4.2 数据的标准化处理

由于 17 个变量的量纲和量纲单位不同,如果对数据直接进行回归分析,可能会影响回归分析的结果,所以先对资料进行标准化处理,以消除量纲对数据之间的影响,采用 Max-min 标准化方法对原始资料进行标准化处理,选择转化函数为:

$$\text{正向指标 } x'_{ij} = \frac{x_{ij} - \min x_{ij}}{\max x_{ij} - \min x_{ij}} \tag{6-7}$$

$$\text{负向指标 } x'_{ij} = \frac{\max x_{ij} - x_{ij}}{\max x_{ij} - \min x_{ij}} \tag{6-8}$$

其中,x′为标准化处理后样本,x 为原始样本,max 为同一样本下的最大值,min 为同一样本下最小值。Max-min 标准化,实质是对原始数据的线性变换,使结果值映像到 [0,1],这样为下一步分析带来方便。

6.4.3 相关性分析

相关分析是指多个变量之间是否存在某种依存关系,相关关系是一种非确定性的关系,由于数据类型不同,计算相关系数的方式也不同,一般常见的主要有三种:Pearson 相关系数、Spearma 相关系数和 Kendall'stau-b 相关系数。其中,Pearson 相关系数主要适用于定距型变量间的计算,而 Spearma 和 Kendall'stau-b 相关系数主要适用于分类变量数据的度量。由于因变量为二分类变量数据,故本部分的研究采取 Kendall'stau-b 相关系数计算,考察农户参与产业融合与各影响因素之间的相关性,为下一步分析变量间关系奠定基础。由于资料量较大,用 $X_1 \sim X_{17}$ 分别代表年龄、性别、文化程度、家庭规模、是否五保户或贫困户家庭、种植规模、家庭总收入、务农收入、劳动力数量、对风险的感知、对收益的感知、对政策的感知、农产品价格波动的影响、利益联结满意度、对企业满意度、对合作社满意度和对政府政策满意度检验结果如表 6-5 所示。

表 6–5　Kendall's tau-b 非参数相关性检验

	X_1	X_2	X_3	X_4	X_5	X_6	X_7	X_8	X_9	X_{10}	X_{11}	X_{12}	X_{13}	X_{14}	X_{15}	X_{16}
X_2	0.231															
X_3	-0.035	0.037														
X_4	0.023	0.116	0.024													
X_5	0.012	-0.019	-0.026	-0.325												
X_6	-0.015	0.021	0.023	0.203	-0.323											
X_7	-0.017	0.023	0.029	0.027	-0.033	0.036										
X_8	-0.008	0.211	-0.026	-0.417	-0.022	0.106	0.128									
X_9	-0.071	0.007	0.029	0.042	-0.017	0.102	0.03	0.016								
X_{10}	0.033	0.041	0.037	-0.014	-0.042	0.035	0.034	0.142	0.041							
X_{11}	0.105	0.108	0.033	-0.015	-0.016	0.019	0.021	0.113	0.116	0.039						
X_{12}	0.205	0.011	0.036	-0.01	-0.013	0.018	-0.029	0.011	0.012	-0.039	0.308					
X_{13}	0.101	0.019	0.029	0.021	0.022	0.123	0.032	0.023	0.016	0.042	0.114	0.016				
X_{14}	0.112	0.103	0.041	0.018	-0.017	0.021	0.027	0.018	0.02	0.041	-0.015	-0.113	0.125			
X_{15}	0.104	0.105	0.045	0.101	0.023	0.032	0.021	0.023	0.018	-0.081	-0.012	-0.032	0.056	0.037		
X_{16}	0.005	0.065	0.061	0.201	0.031	0.018	0.105	0.025	0.032	-0.031	-0.104	-0.013	-0.09	0.026	0.017	
X_{17}	0.013	0.101	0.012	0.171	0.035	0.052	0.024	0.018	0.068	0.068	-0.211	0.025	0.037	0.045	0.036	0.109

6.4.4 模型检验

为了更好地了解模型是否能够解释现实问题,需进一步对模型整体的拟合度进行检验。拟合度的检验有模型系数的 Omnibus 检验和 Hosmer & Lemeshow 检验,两个检验结果表相同,但分析及显著性判断刚好相反。检验结果如表 6-6、表 6-7 和表 6-8 所示。

表 6-6　　　　　　　　　模型系数的 Omnibus 检验

		Chi-squre	df	Sig.
Step1	Step	571.829	17	0.000
	Block	571.829	17	0.000
	Model	571.829	17	0.000

表 6-7　　　　　　　　　Hosmer & Lemeshow 检验

Step	Chi-squre	df	Sig.
1	9.447	8	0.990

表 6-8　　　　　　　　　模型摘要

Step	Likelihood	Cox & Snell R2	Nagelkerke R2
1	28.058a	0.636	0.795

从表 6-6 中可知,Omnibus 系数显著性水平为 0.000,表示所有变量中至少有一个自变量可以有效解释因变量。表 6-7 中 Hosmer & Lemeshow 检验的卡方值等于 9.447,sig. 值为 0.990,未达到显著性水平,表示回归模型整体拟合度较好,也说明了自变量可以有效解释因变量。表 6-8 中,Cox & Snell R2 和 Nagelkerke R2 的值分别为 0.636 和 0.695,表示自变量和因变量存在中等强度关联度,整体模型拟合度较好。

6.4.5 模型回归结果分析

本部分的研究运用 SPSS22.0 统计软件,对 566 个实地调查样本数据进行二元 Logistic 模型处理,模型估计结果见表 6-9。

表 6-9　　　　　　　　　　模型回归结果

Variable	B	S. E.	Wald	Exp（B）	Sig
X_1	-1.928***	11.515	7.995	0.145	0.005
X_2	0.518	0.728	0.507	1.679	1.679
X_3	-2.469***	0.691	12.757	0.085	0.000
X_4	-3.554***	0.919	14.968	34.967	0.000
X_5	1.234	0.993	1.544	3.435	0.317
X_6	-0.008***	2.183	2.516	1.004	0.004
X_7	0.462***	2.183	2.516	0.031	0.001
X_8	-0.427**	3.485	2.455	0.052	0.013
X_9	-0.443	0.707	0.392	0.642	0.531
X_{10}	-2.941***	0.862	11.680	0.053	0.001
X_{11}	0.737	0.780	0.894	0.479	0.344
X_{12}	1.307**	0.593	4.891	3.696	0.027
X_{13}	1.372*	1.094	1.573	1.391	0.074
X_{14}	0.680	0.933	0.531	1.55	0.141
X_{15}	1.940	1.391	1.944	0.144	0.163
X_{16}	5.354***	1.446	13.712	211.441	0.000
X_{17}	0.235	0.821	0.083	0.789	0.773
常量	-7.171*	4.364	2.700	0.001	0.100

注：*、**、*** 分别表示解释变量在10%、5%和1%显著性水平上显著。

6.4.5.1　个体特征变量对农户参与三产融合意愿的影响

通过表6-9可以看出，年龄系数为1.928，其显著性为0.005，在1%的水平上显著，表明被调查者年龄越小，越倾向于接受新事物，对农村三产融合接受度越高，越愿意参与农村三产融合。而且年龄越小，对未来生活越充满憧憬，就业的途径越广，对农业的依赖性相对于年龄大的会较弱，在农业生产方面，有闯劲，敢尝试，因此可能会通过更多的方式参与农村三产融合，验证了假设6-1成立。性别因素对农村产业融合意愿的影响未通过显著性检验，可见，随着人们思想解放，男女平等在各行各业，不管是乡村还是城市都已经普及，在农户参与三产融合的意愿上，男女思想差异不大。学历因素对参与农村三产融合意愿的影响通过了显著性检验，但呈现负相关性，这与假设 6-2 不符，可能是所调研普通农户，学历层次普遍偏低，对农业的依赖程度也较高，获取收入的渠道相对较少，因此更加期望通过参与农村三产融合的方式提高农业产业收入。

6.4.5.2 家庭特征对农户参与产业融合意愿的影响

家庭人口、劳动力人数因素通过了显著性检验，家庭人口结构与参与三产融合的意愿呈显著负相关，这可能是人口多的家庭，劳动力充足，更愿意以家庭为主体进行农业产业经营。种植规模在 5% 显著性水平上通过了检验，且与参与三产融合的意愿呈现负相关，可能因为种植规模大的农户在农业生产上有一定规模经济效益，更愿意自己从事农业生产，参与农村三产融合的意愿较低。务农收入和家庭总收入因素也都显著地通过了检验，但务农收入与参与三产融合的意愿呈负相关，而家庭总收入与参与三产融合的意愿呈现正相关，可能因为务农收入较高的农户往往是种植规模较大的农户，这些农户更愿意自己从事农业生产，家庭总收入较高的农户收入更多来自非农收入，从事农业的劳动力偏少，更愿意把土地流转或入股给其他经营主体。是否为五保户或贫困户对参与三产融合意愿的影响都不显著，可能随着国家脱贫政策的实施，贫困户逐渐消除，五保户也有了相应的救助措施，其对是否参与三产融合关注度不高。假设 6-4 得到验证，假设 6-3 的部分内容得到验证。

6.4.5.3 感知行为对农户参与产业融合意愿的影响

从表 6-9 可知，风险认知因素显著地通过了检验，作为一般农户，风险承受能力较弱，更多的是风险厌恶者，如果认为参与农村产业融合存在较大风险，更不愿意参与农村产业融合。假设 6-6 成立。对收益的感知没有通过检验，这可能是一方面，农产品价格处于波动状态，且农村三产融合在很多地区实施并不长，农户对收入的预期不高；另一方面，农村三产融合处于起步阶段，农户对这一生产组织形式的增收效应尚不明确。因此，收入预期对农户参与融合的意愿影响不显著。对政策的认知显著地通过了检验，国家制定三产融合政策的出发点是为了让第二、第三产业也发展，从而带动农业发展，同时也发挥农业的多功能性，为农业发展增加动力，给农户增收带来更大可能。农户对农村三产融合政策越了解，越懂得政策的初衷，则越倾向于参与农村产业融合。农产品价格波动对参与农村产业融合的意愿在 10% 水平上呈现显著影响，这表明，认为参与农村三产融合能够提高农产品价格，从而提高自身收入的被调查者，倾向于参与农村三产融合，说明农户认识到了参与产业融合可以帮助其规避一定的风险。假设6-5部分内容得到验证。

6.4.5.4 外部环境对农户参与产业融合意愿的影响

对合作社满意度变量对农村三产融合意愿的影响在1%水平上呈现显著影响，说明农户对合作社的满意度与其参与三产融合的意愿呈高度相关。这表明所调研地区通过合作社参与三产融合的农户满意度较高，所以农户也更倾向于参与农村三产融合。河南省农村三产融合中组织形式可以多发挥合作社的作用。农户参与农村三产融合的利益联结满意度变量没有通过显著性检验，农户参与三产融合的根本目的是实现收入的增加，农户更加关注三产融合中利益分配情况，尤其是农户收益占总收益的比重。目前，可能由于河南省大部分地区农村三产融合处于初级阶段，参与主体的利益联结度还有待提高，农户满意度并不很高，这与预期不符。对企业满意度变量没有通过显著性检验，这与预期也不符，可能调研的区域主要是以合作社引领型为主，对企业满意度的关注或感受不足。而对政策满意度变量也未通过显著性检验，可能还处于三产融合初期的很多地区，政策的宣传度、执行度以及对政策的关注度还是不够，今后各级政府要进一步加大宣传力度，让政策更加透明。假设6-7部分内容得到验证。

6.5 本章小结

本章依据计划行为理论，利用农户微观调查数据与计量模型，实证分析农户参与农村三产融合的意愿及影响因素。结果表明，71.1%的农户都愿意参与产业融合，融合意愿比较高，农户的政策认知、风险认知、价格认知对个体响应产生显著影响。这表明农户对农村一二三产业融合政策认知度越高，融合意愿则越强烈、越积极；价格认知度越高，融合意愿越积极。风险认知对农户具有负向影响，风险认知度越高，农户越不愿意参与农村三产融合。农户个体特征中学历、年龄对参与农村产业三产融合的意愿有影响，学历越低、年龄越小则越愿意参与三产融合；家庭特征中家庭人口数、种植规模、农业收入、劳动力人数对参与三产融合的意愿产生显著影响，而是否为五保户对参与三产融合的意愿影响不显著。外部环境因素中对合作社引领的满意度高，证明农户对合作社的满意度与参与三产融合的意愿正相关；对利益联结、企业和政策满意度不显著，与预期不符，这可能和企业与农户的利益联结度不紧密、政府对企业的监管不到位有关，从而影响农户对政府和企业的满意度。

第7章 农村三产融合的国际经验与启示

7.1 河南省农村三产融合的局限

7.1.1 农产品加工水平有待提高,科技创新投入不够

做大做强农产品加工业,是延伸农业产业链的重要途径,也是第一、第二产业融合的重点。河南省是农业大省,各地依托农业资源,积极发展农产品加工业。河南省农产品加工企业 2019 年主营业务收入已超过 1.18 万亿元,规模以上农产品加工企业近 8 000 家,农产品出口到 130 多个国家和地区,农产品加工业已成为河南省农业现代化的支撑力量和国民经济的重要产业。[①]河南省粮食及肉类加工能力位居全国前列。但与发达国家相比,农业加工企业市场力量还不是很强,国际竞争力还有较大提升空间。究其原因:一是农产品加工转化率低。河南省农产品加工率为 40%~50%,而发达国家和地区已达 90% 以上。二是农产品精深加工不够。河南省农产品精加工仅占全部加工产业的 20%,与发达国家相差甚远,高质量农产品供应不足。三是科技创新投入不足,现代化装备缺乏。农产品加工新工艺和配套设备研发需要大量人、财、物投入,由于科技创新投入不足,农产品精深加工工艺研发成果不多,加工装备创新力不强,甚至与已有的先进工艺不配套。

[①] 牛尚.2019 年河南规上加工业营业收入 1.18 亿万元农产品[EB/OL]. https://www.henan100.com/news/2020/942136.shtml.

7.1.2 三产融合要素供给不足，社会服务体系支撑乏力

三产融合离不开要素投入，当前资源要素供给不足在一定程度上制约了三产融合的深度发展。一是融资困难。农村三产融合发展依托金融市场，离不开资金的有力支持。调查中发现，河南省农村金融服务缺乏针对性，创新产品供应不足，新型经营主体贷款成本高，导致产业链在延伸中受到制约。河南省 GDP 连续多年排在全国前 5 的位置，而存贷款余额仅排全国第 10 位，贷款余额在 GDP 中的比重和金融业增加值在 GDP 中的比重一直处于较低水平，远远低于全国平均水平。金融业发展较为缓慢，与河南省全省 GDP 总量不匹配。二是专业人才缺乏。农业与现代化商业融合可以拓宽农产品销售渠道，缓解小农户与大市场矛盾。在此过程中，需要既懂互联网、电子商务技术，又懂农业产品经营、管理的复合型专业人才，且农村三产融合发展主要依托技术、业态和商业模式的创新，这些都离不开专业人才。目前，许多农业经营者文化层次不高、专业知识匮乏，而农业收益偏低、农村条件艰苦又使其难以吸引到专业人才，农商融合层次不高。三是信息、技术服务、物流等跟不上。及时的市场信息和精准的数据是政策制定、项目实施的科学依据。随着农业生产方式、经营方式的不断变化，原有的有些统计数据已不能满足现代化农业需要，急需建立一套统一、标准的信息提供平台，及时提供市场信息和精准数据，满足农业产业融合过程中多重信息需求。各地区目前现有技术服务、成果转化、物流等多表现为单向服务，信息数据存在着各自为政、相互割裂的问题，或者只关注产业链上某一环节的问题，没有考虑关联产业的现实需求。

7.1.3 三产融合产业链条短，农业多功能价值挖掘不深

三产融合中利用农业多功能性价值，实现农业横向产业融合发展，创造新的利润空间。在促进农业发展战略和一系列支农惠农政策的推动下，河南农村三产融合发展取得明显成效，打造国家级、省级现代农业产业园 63 个，国家级"一村一品"示范村镇 161 个，省级农业产业集群 500 多个，培育特色农产品 50 多种（有西峡猕猴桃、柘城辣椒等）、"三品一标"农产品品牌

4 679个，培育创建了16个国字号品牌、600个省级品牌。①但当前河南省农业横向产业融合中产业链条短，农业多功能价值挖掘不够。一是产品同质化严重。有些地区只顾眼前经济利益，对自身资源特点研究不够，盲目跟风，低水平重复建设，没能突出"新、特、优"特点，缺乏创造性、独特性，且层次较低，缺乏规划，无法长期吸引消费者眼球，文化农业、立体农业等高层次农业有待进一步开发，融合业态有待大量增加。二是附加值不高，地方经济带动效果不明显。由于缺乏依据资源特色的深度挖掘，农业横向融合层次不高、深度不够，产业链条短，产品单一，附加值不高，融合后的产业无发展优势，对地方经济带动能力不强。日本农业经过"六次产业化"推动，取得显著成效，农产品加工产值是农业产值的3倍，农产品加工转化率达80%。而河南农产品的加工转化率更低，仅有50%左右。受加工技术和设备的限制，大部分农产品以初级原料的样态供应于市场，农产品精深加工环节相对薄弱，影响了产业链延伸和附加值增加，导致农业高产却不能高效发展。三是配套设施建设落后，服务质量偏低。农村卫生条件差，网络通信设施不到位，服务人员文化水平偏低。多数乡镇并不具备垃圾处理能力，而中小型农业企业也不具备有效的污水处理能力，随着加工业的发展和旅游业的突起，大量的工业废水和生活垃圾堆积在农村地区，特别是不可降解垃圾和重金属超标废水，严重威胁农村自然生态环境，影响农村经济发展的可持续性。

7.1.4 产业融合政策研究不够，缺乏沟通协调机制

农业是一个产业链长、涉及部门多、面临自然、市场等风险较多的产业。以畜产品加工为例，产品从生产到餐桌，先后经过畜牧部门、环保部门、质检部门、商务部门、工商部门、卫生部门等多头管理。从各地区目前的扶持政策看，普遍存在重生产轻销售、重产量轻质量、重过程轻结果等问题。行政管理部门之间沟通不够，许多部门基本上是从本部门、本行业角度制定各种政策，各个参与主体缺乏稳定完善的信息互通机制，在项目实施、资金分配上更多关注产业链上某些特色环节，忽视了产业融合部分的共同需求。另外，产业融合政策宣传不到位、项目申报中涉及多部门跨行业审批和耗时长

---

① 尚明桢. 河南省全省"三品一标"产品已达4 679个[EB/OL]. http：//www.moa.gov.cn/xw/qg/202004/t20200421_6341998.htm.

等问题，加大了产业融合的难度。

7.1.5 新型农业经营主体发育不充分

新型农业经营主体是河南省农村三产融合发展过程中的领头羊，具有带头和示范的作用。但是河南省农村三产融合发展过程中，多数新型农业经营主体仍然没有得到充分发展，实力相对较差，带动效果不明显。有些合作社还处于初期阶段，不能够根据当地实际情况带动相关产业发展，自身建设也较为缓慢。在农业大省向农业强省的跨进过程中，新型农业经营主体发展方式传统、结构单一、加工能力不强、产品研究不透彻，没有形成地方特色和自有品牌，对现有产品的宣传力度不足，大多数农业合作社只是和一些企业挂牌合作，自身没有实际生产能力。还有部分农业经营主体科技注入不足，缺乏创新能力，仅仅是在传统农业的基础上进行简单加工，没有突出创新点，如景区附近千篇一律的农家乐。河南文化丰富，地方传统文化、风俗习惯、人文历史等特色农业有待进一步深度挖掘。

新型农业经营主体发展方式还需进一步细化，全省缺乏综合实力强的新型农业经营主体，传统经营主体在发展新业态、研究新产品、应用新模式等方面的能力还有待提高，无法更好地带动农村三产融合发展。不仅如此，受用地、融资、成本等多种因素的制约和困扰，如今河南省农村普遍缺乏具有全产业链模式的农业企业领头羊。

7.2 其他发达国家三产融合的经验启示

7.2.1 日本三产融合发展经验

日本与我国相邻，又与我国人多地少的国情相似，很多经验值得我们借鉴。第二次世界大战后，在农产品紧缺的情况下，作为战败国的日本政府为了满足国内居民基本生活需要，积极推进农业改革，出台一系列政策法规，采取了很多措施，鼓励农业生产，发展农村经济。

第一，推进市町村合并，实现由弱到强。日本自江户时代起，作为地缘共同体，自然形成了大量的町村，并成为人们劳动和生活的主要场所。由于町村数量巨大，规模普遍偏小，由此带来行政效率低下、公共设施重复建设等问题。为了实现农村社会化管理，增强区域经济实力，满足现代化经济发展需要，日本曾三次实行大规模市町村合并。通过合并，日本町村数目大幅减少，1945~1970年，町村数量减少到原来数量的8%，2010年之后又减少到原来的2%。减少的町村，除一部分合并后演变为市，实现了城镇化外，没有演变为市的町村通过合并，实现了分权管理，财政能力提升，配合城乡居民生活圈扩大，使得政府服务广域化，町村之间公共服务实现共享，村民从中受益。[①] 日本在市町村合并中，还涌现出一批城乡一体的田园型町市，这些町市通过合并，人口、土地面积都有扩大，利用现代化农业技术运用，在一些重要农业指标，如拥有水田面积、农业总产值、粮食自给率等方面，领跑日本农业发展，成为工商与农业和谐共生、人与自然和谐发展的美丽乡村。在市町村合并中，每一个村民都有对自己所在町村重新审视的机会，激发了村民关注社区经济发展的热情，积极参与农村基础设施、公共服务规划与建设，村民自豪感得到满足，幸福指数大大提高。

第二，挖掘特色资源，打造乡村品牌。在日本的农业经济发展中，政府除了投资建设高标准农田、倡导农业匠人精神外，开创的"一村一品"乡村振兴模式最具特色。根据自身独特的资源优势，每个村选定并负责经营一项农业产品，建立产品加工基地，发展地方特色产业和主导产业，打造本村品牌产品，覆盖全国，走向世界。在此过程中，政府会加大在农业科技研发、农产品销售渠道扩展上的投入力度，为农民科学种田和产品走向全国乃至世界予以指导。日本的大分县是最早实施"一村一品"工程的县，经过多年努力，大分县培育特色农产品品牌300多种，总产值达10亿美元，很多农产品在日本市场的占有率名列前茅，村民收入增加，成就感、幸福感大大提升。[②] "一村一品"工程为日本町村经济带来新的发展契机，延长了农业产业链条，大大增加了农产品附加值。在抓好"一村一品"工作中，政府还提供各种政策、资源支持，鼓励每个乡村锐意创新，在发展农业的基础上，利用农业资源发展特色旅游业、体验农业、休闲农业等各种农业新业态，发挥农业多功能作用。据日本观光厅统计，日本传统文化体验、农

[①] 克里·史密斯. 危机年代：日本、大萧条与农村振兴 [M]. 刘静，译. 南京：江苏人民出版社，2018.

[②] 焦必方，孙彬彬. 日本市町村的合并及其对现代化农村建设的影响 [J]. 现代日本经济，2008（5）：40-46.

村风景旅游、老街游览已经成为近几年日本旅游项目的前三名。日本政府欲把农村建设成为集生产、生活、旅游、教育、疗养为一体的多功能且充满活力的乡村。

第三，推进乡村工业化，实现产业融合发展。20 世纪 60 年代，随着工业化进程不断加快，大城市人口拥挤、交通堵塞，城市环境日益受到威胁，为了缓解城市压力，日本政府鼓励城市工业企业迁移到乡村。在工业企业迁移的过程中，农民有机会进入工厂上班。一方面降低了日本城镇化成本，另一方面增加了农民工资性收入，农民生活水平得到改善。到 80 年代，日本农村中超过 80% 的农民都在工厂有兼职，家庭收入较以前增加了 1.5 倍左右[①]。农民既不放松农业生产，又能提高收入上；同时，在乡村工业发展中，其不断改变生产经营方式，自成一套乡村工业体系，城市发展和乡村发展连在了一起，真正实现了城乡一体化发展。90 年代，日本学者提出第六产业概念，即"一产业×二产业×三产业"融合发展，通过多种经营，逐步把传统农业变为农业综合产业，获取更大的附加值，摆脱农业日益衰败的现状。2008 年，日本政府提出农林水产大纲——《农山渔村第六产业发展目标》，从政府层面肯定了第六产业发展。随后，日本第六产业迅速发展，农村多元化经营全面铺开，农业、加工业、物流、观光体验等服务业相互融合，农业和农村可持续发展前景光明。

第四，提倡城乡互助，建设美丽乡村。为了振兴乡村经济，日本政府鼓励城乡互助，尤其是相对发达的城市要支持乡村经济发展，乡村和城市结成互助联盟，两区政府缔结"区民健康村相互协力协定"，积极开展城乡全方位相互交流。城乡互助表现在乡村服务城市和城乡支持乡村建设两个方面。一方面，随着城市人们生活水平的不断提高，精神需求不断增加，更多的人在工作之余向往与大自然亲密接触。为此，日本乡村依据其优美田园风光，通过开办森林教室、农业教室、木工教室等乡村留学活动，让城市人了解乡村生产，再加上果树认种制、梯田认植制等农业体验活动的开展让城市人参与到农业生产中，享受人与自然和谐共生[②]。另一方面，城镇居民也利用先进的科学技术和现代化设备，积极参与到美丽乡村建设当中。除了提供各种

---

① 王志刚，江笛. 日本"第六产业"发展战略及其对中国的启示 [J]. 世界农业，2011 (3)：80-83.

② 李俊玲. 我国多功能农业发展研究——基于产业融合的研究 [J]. 农业经济问题，2009 (3)：4-7.

资金等资源支持外，日本政府还帮助村民设计独具特色的乡村民居以及规划乡村基础设施建设、文化设施布局、旅游资源开发等，使得乡村不仅经济有发展，而且环境优美、设施齐全，村民能够安居乐业。

第五，注重人才培养，发展现代化农业。随着城乡差别的不断扩大，日本农村大量人口外迁，农村人才紧缺。但农业的精耕细作离不开现代技术的运用，尤其是乡村振兴中提出的农业要面向世界，更是需要大量既懂得现代农业技术，又具有全球化服务意识，致力于打造世界品牌的农业专业人才。为此，日本政府积极推动农业人才建设，在许多大学里设立农学部，专门培养农业高级人才。除此之外，日本还有许多农业职业教育学校，培养既懂农业理论，更会实际操作的专业人才。日本农协在全国还举办各种短期讲习班，除了讲授各种现代农业技术外，还开设农业经营管理等商务培训班，培养农民商业意识。日本政府还特别注重妇女在地域经济发展中的重要作用，成立妇女小组或俱乐部，开展学习班，相互交流、探讨，不断改进生产和经营。同时，日本政府还出台各种优惠政策鼓励年轻人到农村创业，不到45岁的农业经营者，每年可得到150万日元的经费，用于其在农业学校、先进农家等研修。吸引年轻人务农的目的则是为乡村充实有朝气和新型思维的人才[1]。

第六，突出农村传统文化，建设文明乡风。日本政府乡村振兴的重要内容之一就是保护传统乡村文化。面对日益衰退的乡村文化传统，日乡政府实施一系列活化计划。首先，1990年以后，日本改变过去乡村文化基础设施建设由中央政府审批的制度，开展"家乡一亿日元创生计划"，鼓励农村当地村民发挥自主性和创新性，根据自己的意愿建设乡村，但要求每个乡村建设必须有传统特色，包括历史性产物和人文等，让居民和游客能重温旧时的农村景观和传统文化。政府给每个行政村投资一个亿日元，建设寺庙、古街、有特色的美术馆、工艺馆、剧场等文化设施，一方面，保留了古貌，农民有了文化活动场所；另一方面，在很多建筑建设中，乡村传统技艺得以保存和传播，乡村传统匠人精神得以传承。其次，举办丰富多彩的传统文化活动，不仅成为凝结村民的一个纽带，而且吸引青年人返乡积极参与乡村文化的传承和弘扬，同时也带来了丰厚的经济效益。最后，在乡村振兴过程中，始终重视传统文化建设。日本在乡村建设中结合当地传统文化特色，在民居建设、

---

[1] 李国荣，郭爽，蓝建中. 国外家庭农场：小农场，大农业 [J]. 农村·农业·农民（B版），2013（10）：32 – 34.

文化产品开发上进行传承与创新，弘扬传统文化；"一村一品"工程中注重农村特色产品和文化产业开发，发展了"1.5次产业"，在提高经济效益的同时，保护并宣传了乡村传统文化。

第七，完善政府政策、法律法规，为乡村振兴保驾护航。乡村振兴是一个漫长的过程，仅依靠市场力量无法完成。政府必须介入，通过法律、行政和经济手段为乡村振兴保驾护航。日本政府提出乡村振兴之初，就制订了农业倍增计划及《农业改革8法案》，从农业生产、流通、消费、出口四个方面进行大的结构改革。在农业产业化方面，日本政府先后出台《粮食、农业、农村基本法》《农业主导型六次产业化准备工作实施纲要》等法律，对农业功能进行重新定位，并从战略和措施方面，对产品附加值、商品流通、国际合作、食品安全和环境资源、技术创新等进行细分，涉及农工商合作、知识产权保护、品牌化经营等各个方面，对第六产业顺利实施进行详细的规划。政府还制定了《低开发地区工业开发优惠法》，对指定区域内的工业实行减免税优惠政策，吸引城市工业向乡村转移。

7.2.2 韩国三产融合发展经验

韩国国土面积10万平方公里，总人口约5 000万人，农业人口占总人口的5.8%。65岁以上农业人口约占35%，农业总产值占GDP的2.2%。农业收入和非农业收入所占比重分别为29.4%和70.6%，农村收入为城市收入的58%。随着韩国社会步入"全球化"和"老龄化"时代，社会日益凸显出城镇"两极化现象"和农业萎缩趋势。农村老龄化比率远远超出城市20年，农村经济不如城市经济，有生产效率的年轻劳动者从农村转移出去，农村中40岁以下的年轻劳动力减少，1/3的劳动力在65岁以上，农村开始步入超高龄化时代。韩国是农村现代化事业卓有成效的国家。从20世纪70年代的"新村运动"到80年代的"汉江奇迹"再到90年代的"IMF危机"和如今的"外资撤退潮"，韩国经济的大起大落和成败经验让世人瞩目。作为新兴工业化国家，韩国不仅在工业化道路上取得了骄人的成绩，而且在加快农业现代化进程和缩短城乡差距方面卓有成绩。韩国在促进三产融合，振兴农业经济方面有很多举措。[①]

[①] 谭明交. 农村一二三产业融合发展：理论与实证研究 [D]. 武汉：华中农业大学，2016.

第一，农业和农村附加值内部化。过去，韩国农业或在农村地区所开展的食品制造业基本都分布在城市的制造业或服务业领域，致使农业中所发生的附加价值均被流出到农业的外部，农业和农村经济陷入了萎缩或停滞状态。近些年，韩国政府大胆改革，以农村地区和农民为主体设计了六次产业，将流出到城市等外部的就业岗位和附加价值转回到农村地区，实现农业价值内部化，带动农村产业良性发展。

第二，提供强大政策支持，开拓新产品或新市场。韩国《农林食品科学技术育成中长期计划（2013－2022）》提出，在未来10年内，农林食品产业的附加值年均增长3%。目前，韩国有1 500多个农家乐村庄正在建设、运营。国家创设资金总额达100亿韩元的"第六产业相生资金"，国家和民间出资比例为7∶3。在开拓新市场方面，韩国主要以地区农村为中心开发农业和与之相互联系的食品制造业、食品零售业等其他新产业和新市场，创造出新的价值。

第三，强化技术研究和产学研结合，为产业融合提供支撑。韩国政府高度重视产业融合技术研究，经过对农业产业化的详细调查和分析，通过对农业事业的支持，开展相关技术研究和开发。在加强国际竞争力、创造新的增长势头、稳定粮食供应和提高国家福祉的4个关键领域研究中，选定了50个核心技术，作为国家的主要项目，重点投资。主要研究方向有：一是开发生产更加节约能源的技术，降低生产成本；二是开发高附加值食品产业核心技术；三是开发效率高、环境友好的前沿生产技术；四是大力发展创新的、挑战性的、处于瓶颈期的技术；五是开发国际化战略品种和有望能成为新兴增长点的技术。这些技术逐渐运用到农业相关领域，促进或带动农业高质量发展，增加农民收入。

第四，提供老龄者或女性适合的就业岗位。为了振兴地区农业，提高农村的活力，韩国充分利用农业内部老龄者或女性丰富的人力和物力资源的商业化方案，为老龄者或女性开发并提供适合的就业岗位，为充分利用地区资源，提高附加价值，引入除生产以外的加工或销售模式。

第五，农业生产、加工、销售一体化，多元化发展。韩国农村经济研究院金泰坤研究员提出通过农业"六次产业化"将农业生产、加工、销售的一体化以及农村观光、城乡交流、身体治愈和农村福利等特有的新领域逐步商业化，以农村地区的就业岗位增加和农业附加值的提升来振兴地区农业，激发农村活力。例如，韩国庆尚北道清道郡在发展柿子产业的过程中，就通过

"涩柿子生产×柿子加工×柿子酒地道（观光资源化）"的深度融合，除柿子初级产品而外，还衍生出柿子酒等诸多延伸产品，通过生产、加工、观光之间的连接，增加农民收入。在韩国的 Dweeungbark 古村，则通过"种豆农民×Dweeungbark 古村×体验及餐饮"，将酱类销售、体验、收购、酱类公园、农家菜、培训学校等"复融合"，吸引越来越多的人前来体验，极大地带动了对传统酱类产业的宣传。进行农村地区各产业的深度融合，是以农业生产的第一产业为中心，与农产品加工、特色产品开发等第二产业相结合，加上直销店、餐饮业、住宿业、观光业等第三产业，增加附加值，创造更多工作岗位。韩国农村一二三产业融合发展就是将农村产业的生产、加工、销售一体化经营的过程，并在实施农业"六次产业化"过程中创造出新的就业岗位和附加值，振兴地区农业和农村经济的发展。[①]

7.2.3 美国三产融合发展经验

土地资源丰富、人口相对稀少是美国的基本国情。美国农业体系的突出特点是"农工商综合一体化"，美国把工业管理的先进经验引入农业，农业生产高度机械化、规模化、标准化，农业所用劳动力仅占美国劳动总人口的17%，且实现了生产、加工、销售一体的产业化经营。在农业农工商一体化模式中，一方面，以农业综合企业为实体的农业产业纵向融合。美国农业综合企业主要由工商企业联合组建的各种组织，将农产品产前（包括良种、农资供应，产中包括田间机械化管理）、产后（包括农产品流通、储存、销售等）置于统一协调之下，通过农业的产、供、销一体化纵向融合，建立了农业各环节紧密相连的产业链条，节约了交易成本，提高了生产效率。另一方面，科技创新推进农业横向融合发展。美国农业产业链横向融合开始于第二次世界大战结束。第三次科技革命为美国三产融合提供了极大支撑。科技的发展使得生物农业、分子农业、太空农业、精准农业、旅游农业等新型业态不断涌现，农业与其他产业的边界越来越模糊，产业的渗透、包含促使了三产融合发展。具体来讲，美国的主要做法有以下几个方面：

首先，重视对农业的政策扶持。在立法方面，美国的农业立法体系较为完善，涵盖了农业、土地、金融信贷、农产品价格、农产品国际贸易等诸多

---

① 谭明交. 农村一二三产业融合发展：理论与实证研究［D］. 武汉：华中农业大学，2016.

领域，保障了农业地位和农民权益；在金融方面，美国的农业信贷和农业保险业务较为发达，为农村电商的运营提供了充足的资金支持；在政策方面，充足的财政补贴和税收减免优惠激发了农民从事农业生产经营的积极性，共同助力美国农村电子商务的发展。

其次，重视基础设施的建设。美国通过农村电信建设构建了覆盖全球的农村电商经营网络，利用发达的交通运输网络为农产品电商市场提供了一流的配套服务支持，打造面向全球的农村电子商务市场。另外，美国还长期致力于开发农业信息资源和建设农业信息网络，形成了连通政府、地区、科研院校、企业等多部门的专业化农业信息系统，利用农业数据库、3S 技术（农业遥感技术、地理信息系统和全球卫星定位系统）实现了"精准农业"，借助高度机械化、规模化的生产提升了农业生产的效率。[①]

再次，重视农业教育、研究。美国政府曾通过各种法案保障农业教育、科学研究以及科技的推广。1862 年，联邦政府通过《赠地学院法案》，规定每州至少建立一所农业类州立大学。1877 年通过的《哈奇法案》规定，由农业部、州和州立大学共同领导农业试验站，该试验站发展成农学院的一部分。1914 年通过的《史密斯—利弗法案》规定了农业推广的相应内容。

最后，重视发展服务型农业合作社。美国农业以家庭经营占主导地位，为了解决单个农场主难以办到的种种问题，美国鼓励成立农业合作服务社，为家庭农场主提供销售、加工、农资供应、信贷等服务。

7.2.4 荷兰三产融合的经验

荷兰是当今世界农业现代化最发达的国家之一，农业人口不足世界农业人口的 0.02%，耕地面积不到世界耕地面积的 0.07%，出口农产品却占全世界的 9%，尤其是花卉产业在世界遥遥领先。从荷兰农业发展的历史进程看，农业三产融合起到很重要的作用。

荷兰现代农业发展历史并不很长。第二次世界大战之后，面对严重的物资短缺，荷兰政府加强了农业保护，提出一系列政策提高农业产量，同时，运用高科技手段提高土地质量，通过科学技术改良农作物品种，稳定粮食供

---

① 赵放，刘雨佳. 农村三产融合发展的国际借鉴及对策 [J]. 经济纵横，2018（8）：122 - 128.

应。荷兰有着发达的农业教育、农业科研和农业推广系统。在加入欧洲共同体后,荷兰农业政策进入超国家调节状态,荷兰的农业补贴主要执行欧洲共同体的农业补贴政策。在荷兰农业不断发展的同时,荷兰也利用位置和欧洲共同体的优势,大力发展农业进出口贸易,充分利用了国际国内两个市场、两种资源。为了更好地发展农业经济,荷兰采取了许多有力措施。

首先,充分发挥比较优势,发展集约型农业。自20世纪50年代以来,荷兰大幅削减了缺乏比较优势的大田作物种植面积,改为通过进口获取这些农产品。荷兰根据境内充沛的降水、平坦的地势等自然条件,根据比较优势调整产业结构,大力发展畜牧业、园艺业等欧洲市场需求旺盛的产业。由于耕地面积有限,荷兰农业的集约化程度和生产效率也在不断提升,1980年荷兰有4.5万个农场,到1999年下降到了10.2万个,减少了29.66%,与此同时,农产品的净出口额却从44亿美元增加到了142亿美元,增加了2.32倍。2008年,荷兰的农场数量进一步减少到约7.5万个,[①] 随着农场规模的扩大,单位劳动产出不断提高。高度集约的农业发展模式,不仅增加了农民的收入,也带来了荷兰农业的高产量和高效益。

其次,推动技术创新,构建高效产业集群。荷兰之所以能在农业生产条件"先天不足"的状态下,走上高度发达的现代化农业之路,与其根据比较优势发展、推动农业技术创新有密切联系。荷兰将节能温室、机器人、计算机信息技术和生物技术等高新技术植入农业产业领域,构建了高效、完整的产业链,为农民收入水平的提高及农业国际竞争力的提升打下了坚实的基础。近年来,荷兰还通过大力推进技术和产业创新,在高效的农业产业链基础上打造了产业集群。其中,"食品谷"和"绿港"都是荷兰深度融合农村一二三产业而形成的产业集群代表。"食品谷"是一个汇集了国际食品企业、研发中心的产业集群区域,该区域既有食品产业企业,也有高端的研究机构,是欧洲最具权威的农产品和食品营养研究和实业中心。"绿港"是一个由政府主导的,涵盖园艺产业各个环节的综合性的园艺产业区,其中既包含与园艺相关的企业,也包含相关研究机构,形成了从园艺产品的育种到销售的完整产业链。[②]

再次,大力发展创意农业,提升农业产业附加值。在高度集约化农业生

[①] 崔林. 荷兰如何创造出农业的奇迹 [J]. 北京农业, 2013 (10): 38 - 39.
[②] 赵霞, 姜利娜. 荷兰发展现代化农业对中国促进一二三产业融合的启示 [J]. 世界农业, 2016 (11): 21 - 24.

产模式下，荷兰将本国优美的自然风景及田园风光与现代化的创意设计和农业产业结合起来，在传统农业基础上附加了休闲娱乐、观光旅游等功能，满足了国内外游客需求，创造了新的利润空间，如荷兰的花卉产业，在打造产业过程中，进行了创意性的开发。每年举办的"郁金香节""酷肯霍夫公园花展"都会吸引全世界数以百万的游客前来参观。主题公园及花卉创意产业的开发大幅提升了荷兰旅游业、农业的附加值。

最后，建立农业合作组织，创造互惠共赢的合作模式。荷兰农业以家庭农场经营为主，个体农户的市场竞争力有限，在这样的背景下，荷兰农民自发按照民主自愿的原则，建立起了互惠共赢的农业合作组织，来抵御市场的风险。荷兰的农业合作社主要包括两种类型：一种是为农场提供各种社会化服务的合作社，其目的是让农民深入产业链的各个环节；另一种是作为法定产业组织的合作社，主要是让农户协作起来，形成自己的市场势力，从而在大市场中能够有一定的话语权，如各种行业、商业协会等。

7.2.5 对我们的启示

通过对日本、韩国、美国、荷兰发达国家农村三产融合经验的总结，本书发现对河南省可借鉴之处。

7.2.5.1 重视农业农村发展，加大投入力度，打下坚实基础

首先，政府重视，把农业放在重要位置上。政府重视农业发展，通过制定一系列政策法规支持农业的发展，切实保护农民的合法权益。纵观世界上各农业发达国家，农业的发展、农民的致富，离不开政府的重视和政策的倾斜。例如，美国早在《1993年农业调整》中，就确定了以支持农民收入为农业政策的主要目标，并拨付专项资金，设立专门机构，从农业资金、粮食、储备、农产品销售等方面实行支持和保护本国农民利益的政策。法国、日本等国政府对于农业现代化的发展都给予了大力的倾斜。

其次，在三产融合中突出农业地位，把农民利益放在首位。农村发展中农业始终是首要产业，是支柱产业，也是其重要资源。三产融合中，带动农业发展、农民的利益是最为重要的，也是首先要考虑的。日本、美国、荷兰在农村三产融合中，始终强调以农业为主体进行融合，对农业的各种补贴、支持计划保障了农民的根本利益。新时期河南省农村三产融合中也要注意农

业的核心地位不能动摇，农民的利益在产业链条中不能忽视。

再次，加大农业各项投入。三产融合要健康发展，离不开政府政策、资金支持。从农业发达国家的情况来看，各国都十分重视农业基础设施的建设。美国大规模基建投资是从20世纪30年代开始的，灌溉设施建设一般由州政府或私人灌溉公司承办，其资金来源是政府安排的灌溉基金和向农场主收取的水费。政府灌溉资金的来源是出售公有土地的收入。韩国的农村基础设施建设主要得益于"新村运动"。韩国政府加大农村交通、网络等基础设施投入，安排专项资金，按期拨款到农村。发达国家还加强农业科技创新，重视新技术以及新成果的转化、示范和推广，加大农业科研的投入力度，形成系统的、长期稳定的制度安排、法律保障和运行机制，如美国，每个州都有自己的农业科研机构。美国的农业科研体系分为三个层次，三个层次的研究工作相互补充和完善，确保农业科研成果源源不断地产生。为解决农业的可持续发展问题，美国很重视对教育的投入，美国农民绝大多数具有高中以上文化程度，有学士或硕士文凭的并不鲜见。日本、韩国、美国、荷兰农村基本设施完善，农业教育、研发、推广投入较多，各种补贴政策到位，确保了农村三产融合顺利开展。河南省在农业三产融合中，也要重视农村基础设施、农业技术的投入。同时还必须大力发展农村教育事业，只有提高农村人口的文化水平和综合素质，才能更好地利用科学，有效地推进、落实各项"扶农、利农"政策措施，从最广泛、最基础的平台上推进河南省现代农业建设。

最后，发挥农业协会的作用。世界发达国家的经验表明，各种经营性、非营利性农业合作组织在农业服务体系中占重要地位，是联结农民与市场以及推进农业产业化经营、专业化生产的重要纽带，是发展现代农业的重要推进力量。不管是日本的农业协会、组建各种农企组织的美国工商企业，还是荷兰的农业企业组织，都在农产品生产、加工、流通、销售等环节中发挥了重要作用。

新时期河南省农村三产融合中，政府要高度重视农业发展，制定政策、拨付资金支持农村三产融合。在融合中，要把带动区域农业发展和提高农民收入放在首位，要进一步挖掘合作社等农业组织的能量，通过政策等鼓励这些组织做好桥梁作用，真正为农民服务。

7.2.5.2 深挖区域资源，因地制宜，寻求长远发展

首先，区别"六次产业化"等模式与河南省农业三产融合的异同。日本、韩国农业与河南省农业在资源禀赋条件上存在很多相似之处，人均耕地少，只能通过精耕细作的方式挖掘农业种植的潜力，以便获得最大收益。随着城市化进程的加快，人口向城市集中，农村出现了老龄化和农业的"过疏化"现象。日本、韩国国内同样出现过"谁来种田""怎样种田""田种什么""田怎样种才赚钱"等一系列问题。在这样的背景下，日本、韩国政府为解决国内农业发展的困境，积极出台一系列措施发展农业"六次产业化"。河南省在借鉴日、韩农业"六次产业化"经验做法的过程中，不同国情应该区别对待，河南省的农村三产融合发展与农业"六次产业化"有一定的差异。日、韩农业的"六次产业化"其实是以"农林牧渔"第一产业为中心，以农业经营主体为载体，以"地产地销"的理念推动区域经济振兴的农工商联动发展，辅以农产品出口等手段来提高农产品的知名度和竞争力，最终的目的是促进区域经济的发展，创造更多就业岗位，增加从事第一产业从业者的收入。河南省在推进农村三产融合发展的过程中，因为中国市场很大，外省市场也是重要区域，可以把促进农产品"地产地销"作为突破的方向之一；对专业大户、家庭农场、农民合作社和农业企业等新型经营主体应积极培育，以"地产地销""以销定产"和农超对接、农社对接的先进理念推进城乡互动、产销对接和农工贸并举，积极探索"互联网+"、众筹、创客等新兴手段，培育新型职业农民，促进农业转型提效，助推农村一二三产业深度融合发展，切实增加农民收入。

其次，利用资源禀赋特点，发挥比较优势。日、韩借助工业研发能力，积极发展农工融合，美国借助先进技术，发展高科技新型农业，荷兰利用地理位置和气候特点，发展花卉、蔬菜、畜牧产业，这些国家都充分发挥自身比较优势，打造当地特色产业。

新时期河南省三产融合中，在借鉴发达国家先进经验时，要结合各地市资源、位置禀赋等特点，找到适合本地区的优势产业，打造有竞争力的农产品。

7.2.5.3 创造就业岗位，增加农户收入，带领弱势群体共享融合成果

首先，通过农业多功能性创造就业岗位，实现农民就地就业。农村产业

三产融合具有通过生产农产品、特产品及各种服务活动为地区创造就业岗位和创造收入的功能，同时也要承担消除地球变暖和饥饿问题等各种地球危机以及吸纳从城市返乡务农、归农人的功能。因此，要充分利用这种农业的多功能性，解决目前农村地区就业岗位减少、收入减少、福利服务不足等综合性问题，构建福祉农村。日本通过町村合并，实现由弱到强，激发了村民关注社区经济发展的热情，积极参与农村基础设施、公共服务规划与建设，村民自豪感得到满足，幸福指数大大提高。韩国在农村地区结合并开展农业多功能性开发，增加附加值，创造更多工作岗位。美国农业规模化发展提供了众多就业岗位，而且农村基础设施建设完善，医疗、教育等和城市差距之间缩小。荷兰花卉生产、加工、销售等一体化，农民参与产业链的各个关节，分配其中利润，增加就业岗位的同时，收入也在提升。总之，这些国家在创造就业岗位和增加收入的同时，也在实行多元化的农业政策，不断地完善生活设施。这些农业政策的实施，保障了农村老龄者、女性等社会弱者享受福利的权利。因此，河南省三产融合中，农业政策要以地域为单位开发地域复合经营模式，即通过生产、加工、流通、交流、销售等扩张事业创造出就业岗位和附加价值；创造的就业岗位要适合农村劳动力需求，尽可能能够实现就近就业；另外，就业岗位的聘用在同等条件下，老年人、女性优先考虑，创造适合老龄者体力的就业岗位，逐渐让农业政策变为福利性的农业政策。

其次，通过农产品在本地加工、利用和消费，实现农民收入增长。20世纪末以来，日、韩政府致力于推行农业"六次产业化"的一个重要动机就是通过增加农产品本地化利用，促进农产品在本地加工、利用和消费，让区域范围内的农民能更好地分享农业产业链延伸和产业范围拓展、产业功能提升带来的增值收益，由此来解决农民收入增长停滞或下降的问题，促进农业增长、农民增收、农村繁荣。日、韩通过推进农业"六次产业化"，促进农民增收，培育年轻有活力的农村劳动力，有利于增强农村经济活力和农业产业国际竞争力，从而改善农村生产和生活条件，保护生态系统和农村环境。日、韩政府在具体推动农业"六次产业化"的过程中，采取鼓励农业向后延伸、优化农业农村资源利用，内生发育出农业原料供应、农产品加工和流通以及休闲农业、乡村观光旅游业等相关产业，意在防止工商资本通过前向整合兼并吞噬农业中的红利，防止农民对工商资本的过度依附。河南省农村三产融合中也要注重产业的本地化，在通过发展第二、第三产业，带动当地农业发展的同时，也促进本地工业、服务业发展，还能为当地农民提供更多就业机会，让区域内农民分享农业三产融合带来的收益。而且，通过当地农业三产融合发展，当地工业、服务业得到发展，这又能服务于当地农村三产融合更好发展，形成良性循环。

7.3 本章小结

首先，本章从分析河南省三产融合的局限性入手，深入探讨了河南省三产融合中还存在的局限性：农产品加工水平有待提高，科技创新投入不够；三产融合要素供给不足，社会服务体系支撑乏力；三产融合产业链条短，农业多功能价值挖掘不深；产业融合政策研究不够，缺乏沟通协调机制；新型农业经营主体发育不充分。其次，分析了日本、韩国、美国和荷兰等发达国家农村三产融合发展的做法与经验。鉴于日本和中国国情更为相似，可借鉴价值更高，对日本的经验总结得更为全面。日本农业在第二次世界大战后有从复苏到衰退的症结，为摆脱困境，日本政府全力推进农业发展：采取了推进市町村合并，实现由弱到强；挖掘特色资源，打造乡村品牌；推进乡村工业化，实现产业融合发展等措施，保障了日本农业发展，增加了农民收入。韩国同日本类似，也推进农业"六次产业化"发展，但韩国的"六次产业化"更加强调有创意的农业业态发展。美国根据资源禀赋特点，培养高级农业人才，实行工商一体化发展，实现农业规模化、现代化、机械化、信息化发展，享受规模经济的收益。荷兰根据土地、区域位置特点，走集约化农业发展道路，实现农业的生产、加工、销售一体化，农民参与农业全产业链，享受到三产融合发展的更多利益。最后，分析了日本、韩国、美国、荷兰等农业发达国家推进农村产业融合先进经验对我国的启示。促进河南省农村三产融合发展，要重视农业农村发展，加大投入力度，打下坚实基础；要深挖区域资源，因地制宜，寻求长远发展；要创造就业岗位，增加农户收入，带领弱势群体共享融合成果；通过农业多功能性创造就业岗位，实现农民就地就业；通过农产品在本地加工、利用和消费，在实现农民收入增长的同时，注重弱势群体的福利，逐渐把农业政策变为福利性农业政策。

第8章 河南省农村三产融合发展的案例分析

在促进农村三产融合发展的实践中,河南省各地涌现出一些典型案例,剖析这些典型案例,有助于全省其他地区因地制宜地借鉴学习,发挥典型引导作用。

8.1 新郑"好想你"红枣小镇三产融合

河南省红枣小镇是从一颗红枣到一个产业再到一个文化现象,一个企业的发展展现了河南省一二三产业融合发展的历程,三产融合不仅让企业延伸了产业链条、获得了发展空间,还让附近村民找到了致富渠道,实现了农村繁荣发展。

8.1.1 案例简介

新郑是大枣的故乡,大枣也曾是新郑的象征。据有关材料记载,新郑种枣的历史最早可以追溯到8 000多年的裴李岗文化时期。1978年,在发掘裴李岗文化遗址时,发现了8 000年前的碳化枣核,说明当时在新郑一带,先民们就已开始种植大枣。现在的新郑已是全国枣产品的集散地,从事大枣加工的企业有上百家,大枣制品畅销国内外。其中,"好想你"枣业公司作为中国红枣行业的龙头企业,是红枣行业的第一家上市公司,公司已拥有河南新郑、河北沧州、新疆哈密、新疆阿克苏、新疆若羌五个生产加工基地。新郑市薛店镇红枣小镇隶属于"好想你"枣业公司,以"好想你"品牌为统领,以黄帝内经养生文化为支撑,着眼于枣文化资源的深度开发与永续利用,以古枣树和红枣种质资源保护为核心,融入现代农业科技和发展理念,最终打造成为集养老养生、休闲度假、旅游观光、科普教育、文化宣传等为一体的中国式田园综合体，使之成为河南特色小镇之窗口，中国特色小镇之标本。近年来，小镇还推出了中华枣乡风情游活动，把枣区美景与旅游景点结合，吸引了大量周边县市的游客到新郑参观游览，综合经济效益达 2 500 万元，实现了旅游业与特色种植业的双赢。

8.1.2　融合发展情况

"好想你"红枣小镇已形成了集原料、加工、展示、物流、销售、体验、观光有机衔接，一二三产业有机融合的新型农业产业化集聚区，创新整合了农村发展的新产业、新业态、新模式，培育了经济发展新动能。

8.1.2.1　挖掘有效资源，实行多元化经营

"好想你"红枣小镇是国家休闲农业五星级园区，一二三产业融合发展先导区，国家三A级景区，郑州市农业科普研学实践基地，占地面积 6 539 亩，是集产业文化、教育教学、金融商业、休闲度假、观光旅游、餐饮娱乐为一体的标杆性特色小镇。红枣小镇利用新郑 8 000 年历史的大肚子古枣树这一独特的景观，不断发展文化旅游产品，先后投资兴建了月季花园、小动物园、小型儿童游乐场、烧烤广场、葫芦长廊、垂钓园、太空瓜园、葡萄采摘园、红枣博物馆、皇帝贡枣园、共享菜园、养生大地锅、枣林生态餐厅、鲜食枣大棚基地、银耳大棚基地、菌博苑、数字农业项目区等旅游景点共 200 多个特色休闲娱乐项目，先后被认定为河南省中小学社会实践基地、河南青少年科普教育基地、国家教育基地、婚纱摄影基地。红枣小镇秀美的田园风光、优质的旅游服务与特色餐饮住宿项目交相辉映，得到中外游客的一致肯定和赞誉。

8.1.2.2　延长产业链条，增加农业附加值

红枣小镇一二三产业融合发展是促进新郑市乡村振兴过程中一种新的组织形式[1]，实质上是以规模化种植红枣为基础，目标是增加农户收入，在技术创新的动力下发展新郑枣业。首先，小镇通过培育新型经营主体、扩大红

---

[1]　田泽浩. 农业产业化促进农民增收的机理分析［J］. 中国林业经济, 2018 (4)：14 – 17.

枣加工企业规模、加强生产基础设施设备建设，使红枣的生产、加工、销售、信息交流和观光游览等各个环节进行有机整合，延伸产业链条，提升红枣产业价值，优化河南省红枣产地生产力结构布局，促进红枣产业一二三产业紧密连接、协同发展。其次，小镇以特色产业引擎与旅游吸引为中心，依托核心产业园区与休闲聚集区，形成产业延伸环、居住发展与社区配套网的综合架构，通过地域差异性、特色优势和形态多样性延长农业产业链和价值链，示范引领郑州市乃至河南省都市生态农业发展。

8.1.2.3 根植文化理念，引领枣业消费

依托新郑红枣历史渊源，"好想你"红枣小镇筹建了红枣博物馆，揭示了红枣健康文化、喜庆文化、感恩文化、"三农"文化、低碳文化和木本粮的内涵与精神；借助新郑 12 000 公顷百年古树的优势和枣乡风情，连年举办红枣文化节，典雅而有古韵的打枣仪式与黄帝故里拜祖大典形成呼应，成为河南城乡游、生态游的一个特色游，尤其与现代化车间有机结合，被原国家旅游局认定为全国观光工业示范点。[①] "好想你"小镇依托集团公司，通过"品牌＋文化引领"理念，把中医知识引入新产品开发中，改变人们吃红枣习惯，创造红枣消费。

8.1.3 案例启示

8.1.3.1 地方政府的大力支持

红枣小镇一二三产业融合发展与地方政府的作为有很大关系。农业具有弱质性，在其发展过程遇到的某些问题，需要政府利用优势资源来帮助解决。地方政府要发挥好管理职能，提供有效的保障措施。政府要因地制宜地将支持政策与农业发展新形式相结合，搭建好有利于农村三产融合发展的政策环境，加快配套基础设施建设。在地方政府的科学管理下，红枣小镇增添高素质的专业性人才，招纳从事各环节的经营管理方面的工作人员，这些人的理念、素质、能力和水平决定着农村的发展速度。将人才、技术、资金等要素充分融入农村三产融合项目中，可最大限度地发挥市场

[①] 孙中杰，周艳华. 小红枣成就大产业——好想你的品牌之路 [J]. 中国食品加工，2019 (12)：51-54，50.

的主体作用，从而保证农村三产融合可持续发展。政府支持特色小镇发展政策的出台，为"好想你"小镇发展提供了政策支持。"好想你"发展初期，企业本身利润不高，还要还银行贷款利息。为支持实体经济发展，政府协调延长贷款期限，降低企业资金压力。政府还成立了实体经济扶持基金，"好想你"一号智能车间就是靠政府扶持基金建立起来的。"好想你"小镇在流转农户土地时也得到了地方政府的大力支持。为了吸引人才落户新郑，政府出台了一系列人才引进计划，也为"好想你"小镇人才需求提供了支持。

8.1.3.2　多产业交叉融合发展

农业、加工业与旅游业，自然风景与人文风情的有机融合实现了农村产业的高附加值，既为农民提供了众多的就业岗位，也推进了农村各项体制、机制的改革，也让农民成为有吸引力的职业，让农业成为有潜力的产业，让农村成为百姓安居乐业的美丽家园。红枣产业与其他产业互相配合、协同发展，这属于红枣产业的横向拓展。红枣小镇随着发展跨越传统枣业发展模式，借鉴其他产业的技术，发现其功能，结合市场要素，与其他产业相互作用形成新的形式。红枣产业与休闲旅游相结合，正是红枣小镇现行的发展模式，也是其继续探索的红枣休闲旅游新产品。红枣产业融休闲、体验、观光等新功能到农业产业链中，旅游产业作为红枣产业的发展导向，打造特色农产品，将红枣文化、红枣产品、红枣消费等功能应用到旅游产品中，带动其他关联产业的发展，增加农村就业机会，呈现出农业地位的重要性，为乡村振兴提供动力。

8.1.3.3　充分发挥农业的文化功能

农业文化博大精深、源远流长，很受人民群众的喜爱，有非常深厚的群众基础。枣业小镇利用红枣种植等农业资源开发了丰富多彩的休闲、旅游、科教等文化服务类延伸产品，先后建设了枣业博物馆、小动物园、小型儿童游乐场、烧烤广场、葫芦长廊、垂钓园、太空瓜园、葡萄采摘园、红枣博物馆、皇帝贡枣园、共享菜园、养生大地锅、枣林生态餐厅、鲜食枣大棚基地、银耳大棚基地、菌博苑、数字农业项目区等200多个特色休闲项目。还打造了获吉尼斯纪录的"天下第一枣""水木根雕群"以及河南非物质文化遗产"新郑大枣习俗与研枣技艺""主题枣文化节"等文化盛宴，吸引旅客前去游览。而枣树认领基地的建立更是为人们体验枣业文化提供了更好的机会，都市人们可以与大自然深度接触，享受农耕文化带来的喜悦。

8.2 河南中鹤现代农业开发集团三产融合

8.2.1 案例简介

河南中鹤集团是由河南淇雪淀粉有限公司发展而来，位于鹤壁市浚县粮食精深加工园区，成立于1995年，占地1 000亩，员工4 000多人。集团下辖淇雪淀粉、中鹤纯净粉、淇淇食品、中鹤粮油、中鹤营养面业、中鹤品鲜食品、中鹤地产、中鹤农业、中鹤制麦、中鹤谷朊粉、鹤飞农机、中鹤企业管理等二十余家子公司。中鹤集团是集玉米淀粉及淀粉制品深加工、小麦专用粉深加工、营养调理面生产、中高档系列糖果加工、中鹤品鲜食品、粮食存储于一体的农产品加工企业，是河南省规模较大的大型农产品加工基地。中鹤集团已拥有二十多年专业从事农业产业化全产业链经营的绝对优势，具备3 500余名行业精英人才，已发展为以信息化为平台、新型农业现代化为基础、新型工业化为龙头、新型城镇化为提升的产业融合发展的集团公司。同时，该公司是农业产业化国家重点龙头企业、国家农业综合开发现代农业园区试点单位，中鹤新城荣获"联合国人居环境奖"，承担国家农业科技园区"互联网+现代农业"的示范工程。

8.2.2 融合发展情况

河南中鹤集团已成为全国知名的粮食深加工产业园，其独特的"公司+基地+农户"生产经营模式，不仅实现了企业盈利，还带动了浚县及周边县市种植业的发展。中鹤模式的三产融合，使经济、社会、文化效益非常明显，自集团公司成立以来，其依托当地丰富的农产品资源，加大农副产品加工基地建设劳动力度，实现了公司农户双赢的目的，培育发展玉米、小麦种植基地30万亩，同时还带动了当地运输、养殖、食品加工等行业同步发展。

8.2.2.1 实行现代化、规模化绿色农业发展

首先,中鹤集团在当地政府的统一协调下,实现了大规模的土地流转,并对土地进行整理和复垦,仅集团所在地王庄镇经过整改、规划,耕地面积由原来的9万亩增加到12万亩,集团拥有5万亩优质小麦生产基地。农业生产实现高度机械化、集约化、标准化。其次,中鹤集团重视绿色循环农业发展,通过种加养、粮改饲、粮豆轮作等做法实现小麦玉米全程机械化作业,进而用青贮玉米和小麦秸秆发展规模化肉羊、肉牛养殖,大幅提升了牛羊肉的生产能力、水平和产品质量。牛羊养殖粪污经过无害化处理后,作为有机肥施用于粮食和果蔬种植,减少农业种植中农药、化肥的使用,实现农业循环生产和环境保护,保证粮源的优质性,进而形成了"地种粮、粮结秆、秆喂羊、羊拉粪、粪还田"的绿色、低碳农业,从而为工业化生产提高粮源的品质,确保食品安全、生态、健康。

8.2.2.2 农牧结合、"产+销"一体化经营

中鹤集团目前有肉羊、肉牛、小麦、大豆、青储玉米等多个生产基地,并以此为基础形成了粮食深加工、饲料加工、生物有机肥生产、牛羊屠宰冷藏和保鲜、牛羊肉加工等产业链,而且在中鹤"种+养"模式下,实现了地种粮,粮结秆、秆喂羊、羊拉粪、粪还田的循环生产方式,不仅增加了土壤的肥沃度,还减少了对化肥的依赖,提高了粮食、蔬菜、瓜果的质量,为新型绿色循环农业的发展找到了新的发展路径,为我国的粮食安全提供了宝贵的发展经验。①

8.2.2.3 实施新型城镇化建设

为引导农村居民向社区集中,中鹤集团通过发展宅基地置换、免费或低价住宅方式,促进农村人口向小城镇聚集。以低价住宅供应为例,按30平方米/人的标准,以650元/平方米低价供应,仅为实际建设成本的1/2(建设成本约合1 300元/平方米)。根据当地政府拆迁补偿条例,按原有房屋结构,可获拆迁补偿标准在380~480元/平方米。上述优惠措施极大提高了农户向社区搬迁的积极性,农户入住后满意度较高。2010年8月开工建设的"中鹤

---

① 李玉梅. 河南省农村三产融合发展研究[J]. 市场研究,2018(2):16-18.

新城",规划面积1.65万亩,总投资60亿元,建成后可容纳8万人,其中,一期工程占地3 750亩,已有3 500户家庭入住,显著改善了农民居住条件,促进当地村民向产业工人转变。

8.2.3 案例启示

8.2.3.1 龙头企业推动产业要素集聚

中鹤集团创办之初以粮食加工(小麦粉加工)为主,辅以粮食收购、仓储等业务。作为食品生产及农产品精深加工企业,首要工作就是保障食品安全。而随企业规模迅速扩张,缺乏优质粮源成为企业短板。为掌握绿色优质粮源并保障质量可控,中鹤集团以农村土地整理和资金信贷为切入点,推广实施"公司+基地+合作社+农户""订单农业"发展模式,打造绿色粮源生产示范基地,建立粮食加工企业与农户间利益联结机制,将优势生产要素引入农业和农村,实现农业生产要素集聚及农业产业规模集群式发展。[1] 现代农业的发展不仅为百姓餐桌提供安全可靠的原料,也为第二产业的精深加工提供了优质的原粮保障。

8.2.3.2 技术驱动是加速三产融合的催化剂

首先,在农业生产领域,中鹤集团按资源节约、环境友好、功能多样的发展思路,推广农业系统水循环利用关键技术、农业耕种节能关键技术、农业物质循环利用技术和农业资源多级转化技术。其次,中鹤集团成立农机专业合作社,采用国际领先智能化平移式大型喷灌设备、联合整地机、精良播种机、自走式青贮收获机等大型农业装备,提高农业规模化、精准化和设施化水平,有效解决农业生产效率低下、农业投入资源浪费问题。而种养殖业的智能化农业生产不仅让中鹤集团提高了生产效率,更减少了农产品生产环节的人为干扰,实现了从田间到餐桌全产业链的全程可控,保障了消费者舌尖上的安全。最后,产研结合是中鹤集团在发展过程中所坚持的一贯特色。中鹤集团同培养粮油食品工业科学技术的权威教育机构——河南工业大学联姻,在产品设计、定位、流程、包装等各个方面都得到了河

---

[1] 刘威,肖开红. 乡村振兴视域下农村三产融合模式演化路径——基于中鹤集团的案例[J]. 农业经济与管理, 2019 (1): 5-14.

南工业大学的全方位支持，使中鹤集团在最短的时间内掌握最新技术，产品竞争力大大缩小，核心竞争力迅速提升。由河南工业大学提供技术支持的中鹤纯净粉业有限公司，拥有全套国际先进的食品检化验设备和无菌试验室，是国内第一条纯净小麦粉生产线，拥有优秀的制造环境——全密闭的自动生产线。

8.2.3.3 产业链延伸促进农业经营方式拓展

中鹤集团拥有目前国内最完整的玉米、小麦、豆制品加工及能源产业链，产业链之间形成的在制品优势互补，极大地节约了生产物资的投入，实现了资源的再利用，促进了粮食的就地转化增值，降低了产品的制造成本。首先，中鹤集团牢固树立创新、协调、绿色、开放、共享的发展理念，以规模化、生态化发展为方向，做优第一产业，打造优质小麦种植和精品牛羊养殖基地；在农业上游推进"粮改饲""粮豆轮作""种养结合"农业经营方式拓展，更注重与产后链条环节的衔接。其次，中鹤集团以产业化、集群化发展为方向，做强第二产业，打造农产品绿色加工与仓储物流基地，在农业下游流通领域，开展"互联网+"现代农业行动，将互联网应用至农业生产和流通过程，建立农产品种植、养殖、生产、加工、储运、销售等环节可追溯系统。在农产品加工领域，河南中鹤集团重点发展粮食精深加工、饲料加工、生物有机肥生产、牛羊屠宰冷藏保鲜、牛羊肉制品加工以及仓储、物流等配套产业，形成了农产品加工、农产品仓储物流两大产业园区；另外，还建立了营养挂面和冷冻食品加工厂，未来将涉及畜牧屠宰、肉制品加工等业务。再次，中鹤集团坚持"以产兴城、以城促产、产城一体"的理念，做大第三产业，推动农区产城融合发展。最后，"中鹤新城"的建设将产业融合发展与新型城镇化建设有机结合，推动当地特色小城镇和田园综合体建设，加快农区产城融合发展步伐。

8.2.3.4 注重"人、地、产业"互动的产城融合

农村三产融合出发点是促进产业要素集聚，以先进工业和服务业思维指导现代农业发展，促进农业产业发展方式转变，重塑人、地、产业间联系，构建了以产兴城、以城促产、产城融合发展的格局。中鹤集团产城融合涉及三方面：一是建设新型农村社区，推动农村人口向新城聚集，实现农民变市民；二是为农村居民提供住房、商业、教育、医疗等完备服务，缩小城乡公

共服务差距；三是产业创造就业机会，为流转土地的农民提供新就业机会，将产业发展需求与农民能力提升相结合。

8.3 本章小结

本章以河南省两个集团企业为例，总结了河南省农村三产融合的做法和对今后的启示。首先，分析了新郑"好想你"枣业小镇农村一二三产业融合发展的做法与经验。"好想你"红枣小镇是国家休闲农业五星级园区、一二三产业融合发展先导区、国家 3A 级景区。其以小镇形式，先后建设了枣业博物馆、数字农业项目区等 200 多个特色休闲项目，开发了丰富多彩的休闲、旅游、科教等文化服务类延伸产品，发挥了农业的多功能性，一产促进三产发展，三产带动一产升级，提供了丰富的就业岗位，带动农民实现了收入增加。其次，分析了河南中鹤集团农村一二三产业融合发展的先进做法与经验。作为国家级农业产业化重点龙头企业，中鹤集团多年来以发展现代农业为导向，以打造"农业、加工、金融、商业"一体化企业集团为抓手，积极打造健康食品产业，推动县域产城融合发展，带动农民脱贫致富奔小康，探索出了中鹤一二三产业融合发展模式：做优第一产业，打造优质小麦种植和精品牛羊养殖基地；做强第二产业，打造农产品绿色加工与仓储物流基地；做大第三产业，推动农区产城融合发展。中鹤集团农村一二三产业融合发展的路径不仅有利于推动安全食品的生产，还探索解决了农业、农村、农民发展面临的一些突出问题，是中国农区一二三产业融合发展的实践者，为实现"农业强、农民富、农村美"而艰苦奋斗和不懈努力。

第 9 章　研究结论及对策建议

河南省是传统农业大省，是我国粮食生产核心区域，本书依据农业多功能性理论、交易成本理论、分工协作理论、产业链理论、农业经营一体化理论、农户行为理论，结合河南省农村三产融合发展现状及既有问题，通过构建指标体系，选取合适模型，分析河南省农村三产融合发展水平，识别影响河南省农村三产融合发展的驱动因素，寻求河南省农户参与三产融合的意愿及影响因素，试图为河南省农业农村更好发展提出对策建议。通过研究，得出一些结论，并在此基础上提出河南省进一步提升三产融合发展质量的建议。

9.1　研究结论

9.1.1　三产融合基础良好，融合模式丰富多样

随着《国务院关于支持河南省加快建设中原经济区的指导意见》《河南省人民政府办公厅关于加快农村一二三产业融合发展的实施意见》等一系列政策实施，河南省经济得到了快速持续发展。经济总量连年增加，2009～2020年，河南省国内生产总值由不足20万亿元增长到54万亿元，年均增速达9.08%。经济结构不断改善，三产结构从1952年的56.2∶22.8∶21到2019年的8.5∶43.5∶48，工业主导地位明显，三产带动作用不断加强。农业产值不断增加的同时，内部结构也日趋合理，农、林、牧、渔、农业服务业从2011年的55.89∶2.04∶35.35∶1.17∶3.55变为2019年的63.33∶1.65∶27.12∶1.38∶6.53，农业和农林牧渔服务业产值占比都有所提升。河南省基础设施不断完善，全省农村公路总里程达22.3万千米，互联网用户总数达到

1.18 亿户，互联网普及率达到 91.7%。这些无论从政策方面、产业基础上面，还是基础设施方面都为河南省农村三产融合提供了良好基础。

农村地区面积大，各地市农业资源禀赋、农业生态环境、农业现代化状况、农民收入水平等都存在较大差异，各地推动农村产业融合发展面临的基础条件有很大不同。各地市在推动农村三产融合发展中，立足于地方资源优势，因地制宜地探索出基于产业整合的农业内部融合模式、基于产业链延伸的三产融合模式、基于产业交叉的三产融合模式、基于技术渗透的三产融合模式等不同产业融合模式，极大地促进了各地农业农村发展。

9.1.2 三产融合协调度不断提高，融合水平处于初级阶段

本书结合河南省当期农村三产融合情况，构建了两个层次，共设 16 个具体指标作为观测点，运用耦合协调模型分析了河南省农村三产融合水平，经过实证分析认为，河南省三产整体耦合度不是很高，且表现出"先生后降"的小幅波动状态。具体从每个地级市来看，漯河、南阳、郑州、信阳具有上升趋势；豫南和豫东都有小幅上升，豫中、豫西和豫北上下波动，且豫中 > 豫北 > 豫西 > 豫南 > 豫东；从协调度测算值看，河南省三产协调度虽然整体不高，但三年内有较大的提升。具体从各地级市指标来看，平顶山、许昌、洛阳、郑州、周口、商丘、信阳等均呈上升趋势，而新乡、濮阳、济源和漯河都呈现先升后降趋势，且豫中 > 豫北 > 豫南 > 豫西 > 豫东，整体发展趋势与耦合度水平变化趋势一致。河南省农村三产融合还处于初级阶段，融合水平、融合层次、产业链、附加值等方面还有较大提升空间。

9.1.3 三产融合中相关利益主体存在利益冲突

农村三产融合中涉及中央政府、地方政府、农业企业、农户等多个利益相关者，他们都有自己的利益诉求，在三产融合实施中，各个主体之间甚至还存在利益冲突。中央政府目标明确，在保障粮食安全的基础上，通过三产融合带动农村经济发展；地方政府往往在政策贯彻执行中，更加强调地方经济发展，存在机会主义倾向；农业企业或农业资本下乡最重要的目的就是获取利润，他们往往追逐有高额利润的产业，将对粮食安全的考虑放在次要位置上；普通农户有与农业企业合作的愿望，但承担风险的能力非常有限，甚

至只愿意分利润，不愿共风险。这种诉求不同导致相关利益主体间产生了矛盾和冲突。在这矛盾和冲突中，各个利益相关者相互博弈，追求达到利益平衡点。

9.1.4 多种因素驱动农村三产融合，但融合动力有差异

本书通过理论分析认为，政府支持、资源禀赋、技术创新、市场推动、人力资源因素、农业产业组织方式是农村三产融合的主要驱动因素；而通过对河南省粮食主产区新型经营主体实证分析发现，农业产业组织方式因素>政府支持因素>资源禀赋因素>技术创新因素>市场推动因素>人力资源推动因素。从作用效果看，农业产业链延伸>农业增效>农民收入>农业多功能性发挥>农村经济发展。由此看，河南省农村三产融合发展驱动因素中，市场推动因素、技术创新因素以及人力资源因素的动力不足，对农民收入和农业多功能性发挥作用力度还相对较弱。在今后的农村经济发展中，河南省要重视市场环境的完善、技术创新能力的不断提升和高级农业人才的培养及引进，并使其在农村三产融合中发挥更大作用。

9.1.5 农户参与三产融合受多种因素影响

本书以河南省种粮大县566份普通农户调查问卷为基础，构建Logistic模型对农户参与农村三产融合的意愿及其影响因素进行定量分析，研究结果表明：71.1%的农户都愿意参与农村三产融合，融合意愿比较高；个人特征、家庭禀赋、感知行为和对外部环境的响应等方面对农户参与农村三产融合的意愿具有不同程度的影响；对企业引领产业融合认知不足，风险认知、政策认知、年龄因素都是影响农户参与农村三产融合发展意愿的因素。普通农户当前甚至未来相当长时间内是河南省农业生产的重要主体，其发展不仅关系我国粮食安全，而且也影响我国乡村振兴战略的实施效果。因此，关注普通农户的利益诉求，了解其参与农村三产融合的意愿及其影响因素，有针对性地实施三产融合，对促进农业经济发展、解决小农户与大市场衔接、带动普通农户共同致富有重要意义。

9.2 对策建议

9.2.1 拉长产业链条，提高精深加工能力

针对当前河南省三产融合的状况，各地级市要加强三产融合促进力度，提高三产之间的相互带动作用；同时，要抓住国家乡村振兴战略机遇，积极探索农村经济发展新动力，利用现代化科学技术，创造新业态，促进第二、第三产业带动第一产业向全产业链发展，不断满足市场需求，提升产业价值链。

河南省有着丰富的农业资源，再加上交通便利的地理优势，河南省应抓住国家实施乡村振兴战略、"一带一"发展战略和郑州自贸区建设的大好机遇，在拉长产业链条的基础上，把提升价值链增值能力作为重要方向，提高农产品精深加工能力。

具体来讲，首先，加大农业科研投入力度。科技是农业精深加工的"支撑石"。拉长农业产业链，提升价值链增值能力，离不开高端精深加工技术。河南省应加大农业科研投入力度，鼓励科研人员从整个产业链角度出发进行科学研究；同时，还要创新机制，实现产学研真正有效结合。

其次，提升先进加工装备制造能力。先进的加工工艺需要先进的加工装备作保障，这样才能生产出成本低、质量好、附加值高的农产品。尤其是生物化、化学化农产品加工需要更加高端精细的加工装备。河南省应一方面鼓励农产品加工企业引进国外先进设备，另一方面应给予加工企业适当补贴或奖励，支持企业自主研发。

再次，推动绿色、有机农产品生产与农产品加工业的融合，深化农产品加工精度。河南省应在基础设施条件较好的主城区及近郊大力推动农产品精加工，建立技术创新、生态高效的农产品精加工示范基地，积极发展农产品流通业；另外，要促进区县特色农产品加工。各区县自然禀赋条件相差较大，农业生产条件和品种也有一定的差别，加之生活习性和文化传统的差异，各地都形成了一些具有地方特色的农产品，如永城辣椒、卢氏猴头等。这些特色农产品地域特征明显，有些可以作为地理标志产品。但这些鲜活特色农产品由于保鲜、储藏的原因难以以初级农产品的形式进入全国各地的市场，需

要对其进行初步加工处理。

最后，吸引和培养专业人才。人才是技术研发的灵魂，高端精深加工技术的研发、现代化加工装备的制造都离不开专业人才。河南省政府应通过各种人才计划，吸引和培养会技术、懂农业、爱农业的专家，为农产品加工企业向更高发展提供人才基础。

9.2.2 搭建平台，建立主管部门沟通协调机制

农村三产融合涉及的部门多、行业多，部门之间协调统一能增强融合企业信心，也可降低融合成本。尤其是面对河南省三次产业耦合协调度地域非均衡性差异，要在政府和市场的双重指引下，加大各市利益联动分享机制构建。

首先，搭建部门协作机制，合力谋划政策措施。各部门要整合现有资源，研究可行路径，探索共建产业融合协作机制。例如，在三产融合中用地问题上，农业农村部门与自然资源部门（以下简称"两部门"）可以建立沟通协作机制。一是要成立协作小组，深入基层调研，围绕现行用地政策局限、政策推进渠道、经营主体需求等问题，联合开展实地调研，听取区县、街镇、村、企业等各方代表意见与建议，掌握产业融合发展用地范围和需求状况，厘清经营主体用地申报路径。二是要出台政策文件，细化用地措施，通过项目清单的形式落实农村一二三产业融合发展用地政策，明确用地项目库、申报标准、审批流程、项目类型以及申报条件等。三是要明确部门分工，确保责任落实。省农业农村部门牵头建立全省农村一二三产业融合发展项目清单，制定评审办法和评审标准；省自然资源部门负责入库项目用地审批流程的优化、组卷报批等程序。对于项目申报实行用地项目双审核制，两部门共同组织专家对申报项目进行实地考察和综合评审，省农业农村部门重点审核项目类型、产业融合程度、发展前景以及带动效益等；省自然资源部门重点审核项目用地性质、用地合规性以及规划衔接性等。

其次，可以成立省级层面的农村三产融合协调中心，结合河南省农业资源特点和当前产业融合现状，综合考虑农村融合制度安排，统筹设计河南省不同地区农村三产融合的重点；可以根据河南省不同区域特点，分区域按项目选择条件成熟地区开展融合试点工作，要总结试点地区经验，研究高效管理方式，制定并出台三产融合指导性文件和相关优惠政策，建立三产融合相

关部门沟通协调机制，切实高效服务三产融合企业。

最后，统一规范信息发布渠道和指标统计标准，建立与三产融合相关的工商、海关、农业、财政、质检等部门间的信息互通和共享平台，并根据经济发展增加新的统计指标和指标体系，为三产融合提供技术支持和业务咨询服务。

9.2.3 加大金融支持力度，完善三产融合服务体系

当前农村三产融合中普遍存在"融资难，成本高"问题。对此，政府和企业要从多措并举，破解农村三产融合中的瓶颈。

首先，助推农村金融机构"回归本源"，强化顶层设计，促进信贷政策、产业政策和财政政策之间的协调配合，建议由政府发起设立农村三产融合发展基金，积极探索财政资金金融化运作，为三产融合贷款给予贴息等财政奖励，充分调动农村金融机构的信贷投放积极性，引导农村金融机构加强农村金融服务管理，加大对三产融合度较高的企业的信贷支持，使其真正服务"三农"。

其次，以成立专门的政策性担保机构、购买农业保险、创新农副产品存货质押等方式，为龙头企业、农村合作组织等三产融合经营主体增信，整合相关扶持资金、财政资金和金融资源，引导资源要素向农村三产流动，促进农业产业链、价值链和供应链延伸。

再次，构建农村金融创新体系，为农村三产融合提供有效金融服务，要以"互联网+"的思维方式改造传统金融供应体系，进一步推进大数据金融技术、供应链金融技术在农村金融市场的应用，整合政府、银行、保险、担保等多元主体，以金融产品和服务形式创新实现与农村三产的有机融合，如创新订单质押、应收账款质押、存货监管、无形资产类质押等供应链融资形式，提升中小企业供应链融资能力，支持三产融合发展潜力较好的新型经营主体运用资产证券化手段盘活存量资产，提升新型经营主体融资能力，在完善服务的基础上，适时开发适合农户的信贷产品，满足农户的生产性资金需求；通过"企业+农民专业合作社+农户""银行+农民专业合作社+农户""批发市场+市场商户+农户"等经营模式，将资金配置到作为产业链环节之一的农户手中。

最后，优化农村金融生态环境，加快农村信用体系建设，建立健全农村

信用的正向激励和逆向惩戒机制，充分发挥政府的主导作用，开展多层次、广覆盖、可持续的信用工程建设；加快建立健全农村信用信息服务平台，提高信用评级覆盖率，逐步建立农村三产融合主体的农村信用信息电子档案，加大对违约行为的惩戒力度，有效保护金融机构的合法权益；通过开展普惠金融和金融知识宣传教育活动，提升农村三产融合主体的金融素养和诚信意识；同时，也应进一步加大农村金融基础设施建设力度，解决农村金融网点覆盖率低、功能单一的问题。

9.2.4 加大基础设施投入，发挥农业多功能性

农业是一个多功能统一体，农业多功能性就是农业的多效用性，即农业具有经济、生态、社会和文化等多种功能，各种功能自古有之，客观存在。然而，需求决定市场，农业多功能性的价值是随着经济社会发展阶段的转型提升而不断显现的。当前，人民日益增长的美好生活需要和不平衡不充分的发展之间的矛盾迫切要求发展多功能农业。目前，河南省的农业多功能开发形式主要有休闲农业、能源农业、生态农业等。但由于技术、基础设施等限制，河南省农业多功能开放还处于初级阶段。为提高河南省各地级市三产融合水平和融合质量，应加大投资力度，建设和完善河南省冷鲜物流体系、农村交通、互联网基础设施，不断提高三大系统的综合水平。首先，在农产品生产、流通方面，河南省很多农村甚至县城，没有完善的冷鲜物流体系，缺乏先进的物流技术和设备，且农产品经营风险大，导致市场上缺乏市场化程度较高的物流经营主体，农产品运输服务跟不上。河南省政府除了要加大农田水利建设、商品粮棉生产基地、用材林生产基础和防护林建设等方向的投资外，还要加强农产品流通重点设施建设、冷链服务基地建设，特别是生鲜农产品冷链物流网络体系建设。其次，在农业资源开发方面，农村自然资源丰富，美丽的田园风光可以很好地满足城市居民亲近大自然需求。近些年，虽然政府加大投资力度，河南省广大农村基础设施有了较大改善，但总体来看，还是以"配齐"为主流，距离"配好"这一目标还有差距。城市居民对农村生活配套满意度仍然较低，农村观光旅游仍以"一日游""一次游""顺便游"居多，未形成持续、高端以及能拉动农村经济发展的局面。政府要进一步逐步完成通道绿化、村村通、旅游通道等工程，实现水、电、气、网入户；同时，还要建设汽车站、购物游乐中心、宾馆聚集中心、垃圾处理中心

等，增强乡村服务接待能力，提升乡村旅游内涵。

但农业的发展，要因地制宜、因发展阶段制宜、因市场需求制宜、因技术水平制宜。由于河南省各地的优势特点及区域发展的不均衡性，强调农业的多功能性，还应从空间的层面优化布局，以利于充分发挥农业不同的功能和作用；同时，还要注意坚持生态优先的导向，要重视绿色发展质量，要从农业多功能性的视角，坚持山、水、田、林是一个生命共同体和生态优先的理念，注重探索"生物、生态、生产、生活、生命"五生一体的协同发展观，从而有利于促进农业发挥在良好景观、维护农业生物多样性、保持农村活力等方面的多重作用，为乡村振兴提供坚实的生态安全屏障，实现绿色、协调、开放、共享的发展格局。

9.2.5 注重创新，提升三产融合质量

农村一二三产业融合发展以产业链延伸、产业范围拓展和产业功能转型为表征，以技术融合和体制机制创新为动力，通过农业与农村第二、第三产业的融合渗透和交叉重组，实现产业跨界融合、要素跨界流动和资源跨界集约配置，带动技术、业态和商业模式创新。农村一二三产业融合发展与农业产业化一脉相承，但相对于传统农业产业化又有丰富的创新内容和创新价值。

首先，利用先进技术推动三产融合发展。随着农村产业链的不断延伸以及农业多功能的不断拓展，传统的农业现代化已经不能满足当前的农村产业需求，而应该加快建设农业融合化、智能化、信息化、网络化支持体系。河南省作为农业大省，在发展的过程中，更应该注重在农业生产、农产品加工、农村物流等领域加强科学技术的运用。一是农业生产上的技术运用，"产前"高质量生产要素的选择，"产中"生长状态的监控等，"产后"产品的物流和营销，都需要利用先进的技术加以管理。二是要整合农业科研资源，形成以农业自然生产区划为基础的科研资源布局。要加快建设以农业龙头企业和大型企业集团为核心的农业技术创新体系；要建设农业科技中介服务体系，发展市场化农业科技服务主体。三是用现代科技和现代工业来装备农业，支持企业在加工技术更新和设备改造上下功夫，鼓励企业与科研院所深度合作，建设加工技术研发中心，提升企业核心竞争力，在生物技术、装备技术、信息技术、降耗技术四个方面取得突破。四是针对产业支撑体系中的短板和弱项，强化农田水利、高标准农田和农业机械化建设，以及农技服务、冷链物

流和信息化体系等支撑。

其次，提升创新能力，重视三产融合质量。推进农村三产融合发展贵在创新。一是加强农业新业态方面的创新。以现代生物技术、信息技术等为代表的高科技向农业渗透，衍生出生物农业、智慧农业、农业大数据应用等创新型农业新业态。二是加强农村产业融合平台的创新。依托农业园区、集中居住小区、双创园区搭建推介平台，形成农村产业融合的集聚，注重特色小镇和田园综合体建设，搭建交流合作平台和利用贸易平台，以更为多元化的方式推动农村一二三产业融合发展。三是农业经营组织方面的创新。推动农村产业融合，要加强不同主体的参与力度，通过不同参与主体的分工协作，改善人才技术方面的制约，形成多形式、多利益联结的主体联合。

9.2.6 提升农业经营主体能力，建立利益联结机制

为了顺利开展农村三产融合，在保证农户利益的前提条件下，要加快培育新型农业经营主体，提升经营主体经营能力，利用其资本、技术、先进理念等稀缺资源，带动农村三产融合发展；同时，要重视农民的权益保护，三产融合需要共享市场，共享效益。

首先，提升新型经营主体经营能力。在坚持农村基本经营制度基础上，大力培育发展新型农业经营主体和服务主体，不断增强其发展实力、经营活力和带动能力，是关系我国农业农村现代化的重大战略，对推进农业供给侧结构性改革、构建农业农村发展新动能、促进小农户和现代农业发展有机衔接、助力乡村全面振兴具有十分重要的意义。一是要积极争取将新型农业经营主体和服务主体纳入财政优先支持范畴，加大投入力度。河南省要统筹整合资金，综合采用政府购买服务、以奖代补、先建后补等方式，加大对新型农业经营主体和服务主体的支持力度，推动由新型农业经营主体和服务主体作为各级财政支持的各类小型项目建设管护主体。二是要创新农业经营组织方式，形成"龙头"企业带动型、专业市场辐射型、主导产业（产品）依托型、中介组织服务型、区域开发带动型等多种农村产业融合主体。三是加强主体联合，建立多元主体分工协作机制，构建以农业企业为龙头、家庭农场为基础、专业合作社为中间纽带的现代产业化联合体，发挥主体的带动能力、服务能力和生产能力。

其次，促进农户向职业农民转变。舒尔茨在《改造传统农业》一书中

的主要观点为"农民所得的能力在实现农业现代化中是头等重要的"[①]。人力资本对农业增长极为重要,农民学会掌握相关的技术和能力决定现代农业发展和要素的有效使用。一是要培养新型职业农民的农业素质和爱农村精神。要激励城市中的创新创业人才包括大学生成为农业复合型人才,树立"学而优则农"的职业价值观;通过农村产业融合,向规模生产转变,参与到现代农业市场经营中;不但要具有生产经营管理能力、专业技术能力,还要培养市场营销和产品推广能力等;引导农民树立"优质才能优价"的责任意识,提高农民从数量增加到质量提升转变的内在动力。二是要对新型职业农民做到精准培育。教育内容要与农民需求相适应,提高农民参与培训的积极性、主动性,加强教育培训内容的精简性、实用性以及有效性。三是在培训方式上做到灵活多样。在教育教学手段上采取现场教学、远程教学以及新媒体的使用等,传统讲授与实地参观相结合,通过专家讲授、典型模式考察等方式进行培训;另外,更应构建长效机制,在提高农民整体素质的基础上,做到长期的跟踪服务,以利于乡村振兴发展。

最后,建立和完善利益协调机制。建立多元主体激励相容机制,是在农户、专业大户、家庭农场、龙头企业、农业合作社等多元经营主体之间建立激励相容机制,实现多方共赢。尤其是要特别考虑农户的弱势群体地位,充分保障其利益。例如,优先支持能切实带动当地农户致富的企业,在用水、用电、用地、财政补助等方面给予政策支持;鼓励农户成为农工商经营主体,鼓励中小企业与农户开展合作,帮助农户成长为农工商主体,但要明确限制企业的持股比例,维护农户的权益,防止农户过度依赖企业资本,避免其将来在利益分配时被边缘化。

9.2.7 制定促进三产发展的政策措施和整体规划,发挥区域资源禀赋优势

河南省农村三产融合应依据不同区域资源优势,制定全省三产融合整体规划和相应政策措施,抓特色、分步骤地实施三产融合发展。

9.2.7.1 城市近郊型农村三产融合策略

城市近郊型农村主要指城市近郊的农村,这种农村突出的特点是基础设

---

① 舒尔茨. 改造传统农业 [M]. 梁小民,译. 北京:商务印书馆,1994.

施相对较好，交通便利，农民生活水平较高，且多数农民有一定经济头脑，家庭主要收入来源不再以农业为主。近郊农村由于离城市较近，可以选择以一二三产业融合发展的模式，主要发展休闲农业、观光农业、传统文化教育、农事体验等业态，发挥农业休闲、生态功能，促进农业和旅游业深度融合，满足城市居民休闲放松的精神需求。郑州市中牟县为我们做出了成功的典范。中牟县利用其临近省会郑州的优势，着力打造都市型生态田园旅游城市。2012年，创建中牟·中国农业公园，签约15家企业，围绕解决市民菜篮子、休闲好去处等问题，开启了三产融合发展的新模式。2015年，中牟县又斥巨资引来如方特、绿博园等大型游乐项目，发展休闲旅游胜地。而晨明生态农业园区的建立，为市民提供了农副产品和农事体验服务，同时，生态园每亩收益由原来的3 000元增加到2万元，而且也带动了当地农民就地就业。据统计，晨明生态园60%的劳动者都来自周边农村。晨明生态园还利用已有资源开发农业教育项目，每礼拜接待学生参加农事活动，传承中国农业传统文化。中牟县为开发区农民新建社区，按照国家政策划拨土地，充分发挥农业休闲功能，促进农业与旅游业深度融合，吸引周边城市居民度假休闲，带动当地农民致富。中牟县大力开发农业的附加属性，充分促成农村的一二三产业融合，发展"全域旅游"吸引周边城市居民度假，搬迁开发地农民到新社区，建设雁鸣湖社区10栋，迁入3个村100余户[①]。

9.2.7.2　平原种植型农村三产融合策略

黄淮平原、豫东地区和南阳盆地地势平坦，耕地面积较多，是河南省粮食生产核心区域。但农区产业结构相对单一，农民增收困难。在粮食生产不能放松的政策要求下，在该地区应重点发展农产品加工业，从农产品品种优化、产品精深加工、物流销售服务等方面加大政策支持力度，重点推进农业生产实现规模化、标准化、市场化、生态化，拉长产业链，提高价值链，促进农业工业深度融合发展。驻马店西平县是全国农业大县，小麦生产核心区。为提高农业生产效益，西平县在引进新技术、新产品的同时，积极发展产业集群，将农业中的生产、储存、加工、销售等环节集中起来，以龙头企业为先锋，发展"公司+合作社+农户"的产业化模式，拉长产业链，提升农产品附加值。

---

① 王文君，李佳，喻泽恩. 农村产业融合发展对农村经济的影响——基于河南省农村的实地调研 [J]. 中国商论，2017 (9)：147-148.

2019 年，其带动农户增收 7 000 多元。西平县还利用互联网等网络销售渠道，建设"淘宝村"，拓宽农业销售半径，很好地解决了农业产品销售难等问题。

9.2.7.3 丘陵山区型农村三产融合策略

由于河南省太行山山地丘陵区和豫西、豫西北山地丘陵区向黄淮海平原过渡地带有丰富的地下矿产资源，乡镇企业蓬勃发展和专业村的形成，改变了农村以农业为主的产业结构。桐柏大别山丘陵一带和豫南山区耕地较少，基础设施相对落后，农民生活受到严重影响。而该地区有丰富的林业资源，可制定政策，支持其发展林下经济、开发旅游资源，发展特色农业、生态农业、康养产业等。

具体来讲有以下几点：一是对于矿产资源丰富的地区制定相关政策支持该地区第二、第三产业快速发展，进而带动农业现代化发展；对于山地、林业资源丰富的地区鼓励其发展旅游、林果生产等特色农业项目。灵宝市利用互联网平台，积极发展其优势产业——苹果业。灵宝市加大网络建设力度的同时，大力宣传特色产品，拓宽了苹果销售渠道，为农户谋得了福利。洛阳嵩县有丰富旅游资源和富有特点的农村面貌。石头村就是典型代表。嵩县招商引资，积极发展"旅游＋扶贫"工程，把石头村打造成特色乡村旅游项目。村民整体搬迁后，或者自己买卖特色农产品，或者就近到景区打工，每户年均收入有了较大提升，逐渐走向了脱贫致富的道路。二是依托旅游产业，发展民宿。随着人们生活水平的不断提高，人们更加追求个性化、深度体验式旅游，尤其是邻近城市生态环境好的村庄，逐渐成为市民短途旅行放松的胜地。这些村庄发展民宿产业，为市民提供吃、住、游一条龙特色农村服务，使其深度体验有别于城市的农村生活。例如，旅游资源比较发达的南阳、信阳、洛阳等景点附近的民宿产业发展较好。政府引进实力企业，注资农户，打造个性化、特色化民宿环境，开发特色旅游度假产品。三是依托山区生态气候条件，开发康养产业。中国逐渐进入人口老龄化阶段，养老产业是未来的朝阳产业。农村绿水青山的良好环境，能够满足城市老人休闲、养老需求。尤其是一些有一定海拔的山区农村，空气新鲜，民风淳朴，可以利用自身条件，建立养老服务机构。或者政府作为中间人，介绍城市老人到农村租房生活，既能满足城市老人追求健康养老需求，又为有空房的农户增加了租金收入。而且，相比城市养老机构的收费，农村不管租房养老，还是机构养老，收费都要平价很多，一般城市老人更容易接受。而山区农村居民，也可能成为经营和服务的主体。

附录1　农村三产融合发展驱动因素调查问卷

住户编号：_____　　调查者：_____　　调查时间：_____

受访者地址：_____县_____镇（乡）_____（村）

您好！

我是河南牧业经济学院的一名教师，为了研究河南省农村三产融合发展问题，希望得到您的支持和配合。我国《统计法》第十五条规定，"属于私人、家庭单项调查资料，非经本人同意，不得泄露"。我们将遵守国家法律，对您提供的资料严格保密，希望您不要有任何顾虑。非常感谢您对我们工作的支持！

一、受访农户的基本情况

1. 性别_____

A. 男　　　　　　　　　　　　B. 女

2. 年龄_____

A. 20岁及以下　B. 21~30岁　C. 31~40岁　D. 41~50岁

E. 51~60岁　　F. 61岁及以上

3. 文化程度_____

A. 小学及以下　　　　　　　　B. 初中

C. 高中或中专　　　　　　　　D. 大学专科及以上

4. 家庭人口状况_____

家庭总人口	劳动力人数	专职农业人口	兼业人口

注：兼业指从事农业生产的同时，还从事务工、经商等非农业工作，有一定非农业收入。

5. 您的职位_____

A. 小农户　　　B. 种养大户　　　C. 农民合作社负责人

D. 干部　　　　　E 农业企业负责人

6. 您所在的村涉及的行业类型有_____

A. 传统农业　　B. 特色农业　　C. 休闲农业　　D. 特色手工业

E. 农产品加工业　F. 智慧农业

7. 合作或交流对象为：_____

A. 企业　　　　B. 高校　　　　C. 科研院所　　D. 政府

E. 其他

8. 家庭承包经营地面积_____亩；粮食种植面积_____亩；家庭承包经营地块数_____块

9. 土地肥沃程度

A. 非常肥沃　　B. 一般　　　　C. 较差　　　　D. 很差

10. 灌溉水源情况_____

A. 丰富　　　　B. 一般　　　　C. 较差　　　　D. 很差

11. 获取农业信息能力_____

A. 很好　　　　B. 一般　　　　C. 较差　　　　D. 很差

12. 家庭的年收入_____

A. 2 000 元以下　　　　B. 2 001~4 000 元　　　　C. 4 001~6 000 元

D. 6 001~8 000 元　　　E. 8 001~10 000 元　　　F. 10 001~12 000 元

G. 12 001~14 000 元　　H. 14 001~16 000 元　　I. 16 001~18 000 元

J. 18 001~20 000 元　　K. 20 001~25 000 元　　L. 25 001~30 000 元

M. 30 001~40 000 元　　N. 40 001~50 000 元　　O. 50 001 元以上

13. 务农收入比重_____

A. 10% 以下　　B. 11%~20%　　C. 21%~30%　　D. 31%~40%

E. 41%~50%　　F. 51%~60%　　G. 61%~70%　　H. 71%~80%

I. 81%~90%　　J. 91%~100%

二、对农村三产融合驱动因素影响程度的描述

（一）对政府行为影响程度的描述

1. 财政资金扶持政策能够显著促进产业发展_____

A. 非常不同意　　B. 比较不同意　　C. 基本不同意　　D. 一般

E. 基本同意　　　F. 比较同意　　　G. 非常同意

2. 农村土地用地政策能够显著促进产业发展_____

A. 非常不同意　　B. 比较不同意　　C. 基本不同意　　D. 一般

E. 基本同意　　F. 比较同意　　G. 非常同意

3. 现有的农村贷款政策能够显著促进产业发展_____
A. 非常不同意　B. 比较不同意　C. 基本不同意　D. 一般
E. 基本同意　　F. 比较同意　　G. 非常同意

4. 基层政府的作用对农村产业发展有促进_____
A. 非常不同意　B. 比较不同意　C. 基本不同意　D. 一般
E. 基本同意　　F. 比较同意　　G. 非常同意

5. 政府对村民观念的引导能够有效推动和促进产业发展_____
A. 非常不同意　B. 比较不同意　C. 基本不同意　D. 一般
E. 基本同意　　F. 比较同意　　G. 非常同意

6. 农业补贴政策能够推动和促进产业发展_____
A. 非常不同意　B. 比较不同意　C. 基本不同意　D. 一般
E. 基本同意　　F. 比较同意　　G. 非常同意

（二）对技术引领与创新影响程度的描述

1. 农民组织与高校及科研院所有密切的技术合作_____
A. 非常不同意　B. 比较不同意　C. 基本不同意　D. 一般
E. 基本同意　　F. 比较同意　　G. 非常同意

2. 农业科技推广的力度能够促进产业发展_____
A. 非常不同意　B. 比较不同意　C. 基本不同意　D. 一般
E. 基本同意　　F. 比较同意　　G. 非常同意

3. 智慧农业等先进技术的采用能够促进产业发展_____
A. 非常不同意　B. 比较不同意　C. 基本不同意　D. 一般
E. 基本同意　　F. 比较同意　　G. 非常同意

4. 农村电子商务的发展能够促进产业发展_____
A. 非常不同意　B. 比较不同意　C. 基本不同意　D. 一般
E. 基本同意　　F. 比较同意　　G. 非常同意

5. 农业产业园区的建设能够促进产业发展_____
A. 非常不同意　B. 比较不同意　C. 基本不同意　D. 一般
E. 基本同意　　F. 比较同意　　G. 非常同意

6. 农业与相关产业融合方式的创新能够促进产业发展_____
A. 非常不同意　B. 比较不同意　C. 基本不同意　D. 一般
E. 基本同意　　F. 比较同意　　G. 非常同意

（三）对资源禀赋条件影响程度的描述

1. 当地的资源环境能够促进产业发展 _____
   A. 非常不同意　　B. 比较不同意　　C. 基本不同意　　D. 一般
   E. 基本同意　　　F. 比较同意　　　G. 非常同意

2. 引进资金能够促进产业发展 _____
   A. 非常不同意　　B. 比较不同意　　C. 基本不同意　　D. 一般
   E. 基本同意　　　F. 比较同意　　　G. 非常同意

3. 乡村的基础设施条件能够促进产业发展 _____
   A. 非常不同意　　B. 比较不同意　　C. 基本不同意　　D. 一般
   E. 基本同意　　　F. 比较同意　　　G. 非常同意

4. 乡村所处的区位条件（距离中心县市的距离）_____
   A. 非常不同意　　B. 比较不同意　　C. 基本不同意　　D. 一般
   E. 基本同意　　　F. 比较同意　　　G. 非常同意

（四）对市场推动影响程度的描述

1. 消费者的需求对产业发展有重要的促进作用 _____
   A. 非常不同意　　B. 比较不同意　　C. 基本不同意　　D. 一般
   E. 基本同意　　　F. 比较同意　　　G. 非常同意

2. 产业产品目标市场定位精准 _____
   A. 非常不同意　　B. 比较不同意　　C. 基本不同意　　D. 一般
   E. 基本同意　　　F. 比较同意　　　G. 非常同意

3. 产品具有质量和特色优势 _____
   A. 非常不同意　　B. 比较不同意　　C. 基本不同意　　D. 一般
   E. 基本同意　　　F. 比较同意　　　G. 非常同意

4. 产品的价格与市场价格竞争力能相互促进 _____
   A. 非常不同意　　B. 比较不同意　　C. 基本不同意　　D. 一般
   E. 基本同意　　　F. 比较同意　　　G. 非常同意

5. 所生产的产品优于同类的竞争者 _____
   A. 非常不同意　　B. 比较不同意　　C. 基本不同意　　D. 一般
   E. 基本同意　　　F. 比较同意　　　G. 非常同意

6. 农产品品牌的建设和影响力 _____
   A. 非常不同意　　B. 比较不同意　　C. 基本不同意　　D. 一般
   E. 基本同意　　　F. 比较同意　　　G. 非常同意

（五）对人力资源影响程度的描述

1. 返乡创业人员_____
   A. 非常不同意　　B. 比较不同意　　C. 基本不同意　　D. 一般
   E. 基本同意　　　F. 比较同意　　　G. 非常同意

2. 村内能人_____
   A. 非常不同意　　B. 比较不同意　　C. 基本不同意　　D. 一般
   E. 基本同意　　　F. 比较同意　　　G. 非常同意

3. 农业技术人才_____
   A. 非常不同意　　B. 比较不同意　　C. 基本不同意　　D. 一般
   E. 基本同意　　　F. 比较同意　　　G. 非常同意

4. 对外引进相关企业技术人员_____
   A. 非常不同意　　B. 比较不同意　　C. 基本不同意　　D. 一般
   E. 基本同意　　　F. 比较同意　　　G. 非常同意

5. 对外引进管理人员_____
   A. 非常不同意　　B. 比较不同意　　C. 基本不同意　　D. 一般
   E. 基本同意　　　F. 比较同意　　　G. 非常同意

6. 新型职业农民的培育_____
   A. 非常不同意　　B. 比较不同意　　C. 基本不同意　　D. 一般
   E. 基本同意　　　F. 比较同意　　　G. 非常同意

7. 村民对新产业新业态的认知程度_____
   A. 非常不同意　　B. 比较不同意　　C. 基本不同意　　D. 一般
   E. 基本同意　　　F. 比较同意　　　G. 非常同意

（六）对产业组织方式影响程度的描述

1. 龙头企业的引领作用_____
   A. 非常不同意　　B. 比较不同意　　C. 基本不同意　　D. 一般
   E. 基本同意　　　F. 比较同意　　　G. 非常同意

2. 农民合作社的引领作用_____
   A. 非常不同意　　B. 比较不同意　　C. 基本不同意　　D. 一般
   E. 基本同意　　　F. 比较同意　　　G. 非常同意

3. 家庭农场的引领作用_____
   A. 非常不同意　　B. 比较不同意　　C. 基本不同意　　D. 一般
   E. 基本同意　　　F. 比较同意　　　G. 非常同意

4. 生产规模化集约化程度_____

 A. 非常不同意 B. 比较不同意 C. 基本不同意 D. 一般

 E. 基本同意   F. 比较同意   G. 非常同意

三、对农村三产融合发展效果的描述

1. 近三年农民收入增加幅度较大 _____

 A. 非常不同意 B. 比较不同意 C. 基本不同意 D. 一般

 E. 基本同意   F. 比较同意   G. 非常同意

2. 近三年农村经济增加幅度较大_____

 A. 非常不同意 B. 比较不同意 C. 基本不同意 D. 一般

 E. 基本同意   F. 比较同意   G. 非常同意

3. 近三年农业竞争力明显增强_____

 A. 非常不同意 B. 比较不同意 C. 基本不同意 D. 一般

 E. 基本同意   F. 比较同意   G. 非常同意

4. 近三年农业产业链延伸较快_____

 A. 非常不同意 B. 比较不同意 C. 基本不同意 D. 一般

 E. 基本同意   F. 比较同意   G. 非常同意

5. 近三年农业与其他产业交叉融合现象增多_____

 A. 非常不同意 B. 比较不同意 C. 基本不同意 D. 一般

 E. 基本同意   F. 比较同意   G. 非常同意

四、对河南省农村三产融合中存在问题的评价

1. 政府相关政策支持还不够_____

 A. 非常不同意 B. 比较不同意 C. 基本不同意 D. 一般

 E. 基本同意   F. 比较同意   G. 非常同意

2. 农业技术创新能力缺乏会影响农业农村发展_____

 A. 非常不同意 B. 比较不同意 C. 基本不同意 D. 一般

 E. 基本同意   F. 比较同意   G. 非常同意

3. 农产品市场需求环境不足_____

 A. 非常不同意 B. 比较不同意 C. 基本不同意 D. 一般

 E. 基本同意   F. 比较同意   G. 非常同意

4. 农产品销售渠道不够通畅 _____

 A. 非常不同意 B. 比较不同意 C. 基本不同意 D. 一般

E. 基本同意　　　F. 比较同意　　　G. 非常同意

5. 技术．创新人才缺乏_____
   A. 非常不同意　B. 比较不同意　C. 基本不同意　D. 一般
   E. 基本同意　　　F. 比较同意　　　G. 非常同意

6. 农业融资比较困难_____
   A. 非常不同意　B. 比较不同意　C. 基本不同意　D. 一般
   E. 基本同意　　　F. 比较同意　　　G. 非常同意

7. 龙头企业带动作用有待提高_____
   A. 非常不同意　B. 比较不同意　C. 基本不同意　D. 一般
   E. 基本同意　　　F. 比较同意　　　G. 非常同意

8. 利益分配不很合理_____
   A. 非常不同意　B. 比较不同意　C. 基本不同意　D. 一般
   E. 基本同意　　　F. 比较同意　　　G. 非常同意

9. 社会化服务体系不很完善_____
   A. 非常不同意　B. 比较不同意　C. 基本不同意　D. 一般
   E. 基本同意　　　F. 比较同意　　　G. 非常同意

10. 农户观念有待提高_____
    A. 非常不同意　B. 比较不同意　C. 基本不同意　D. 一般
    E. 基本同意　　　F. 比较同意　　　G. 非常同意

附录2　农村三产融合意愿及影响因素调查问卷

住户编号：_____　　调查者：_____　　调查时间：_____

受访者地址：_____县_____镇（乡）_____（村）

您好！

我是河南牧业经济学院的教师，为了研究农村三产融合发展问题，希望得到您的支持和配合。本次调研仅仅为了学术研究，我们将遵守国家法律，对您提供的资料严格保密，希望您不要有任何顾虑。

非常感谢您对我们工作的支持！

一、受访农户个体基本情况

1. 性别_____

A. 男　　　　　　　　　　　B. 女

2. 年龄_____

A. 30 岁及以下　　B. 31～40 岁　　C. 41～50 岁　　D. 51～60 岁

E. 61 岁及以上

3. 文化程度_____

A. 小学　　　　　　　　　　B. 初中

C. 高中或中专　　　　　　　D. 大学专科及以上

二、受访农户家庭特征及与经营情况

1. 家庭人口状况

家庭总人口	劳动力人数	专职农业人口	兼业人口

注：兼业指从事农业生产的同时，还从事务工、经商等非农业工作，有一定非农业收入。

2. 你是否是五保户或贫困户_____

A. 是　　　　　　　　　　　B. 否

3. 经营农地面积_____亩；其中从别处流转来_____亩，粮食种植面积_____亩

4. 经营地块数_____块

5. 土地肥沃程度_____
   A. 非常肥沃   B. 一般   C. 较差   D. 很差

6. 灌溉水源情况_____
   A. 丰富   B. 一般   C. 较差   D. 很差

7. 主要灌溉方式_____
   A. 靠天   B. 人工取水
   C. 抽取地下水或河水   D. 有水渠

8. 获取农业信息能力_____
   A. 很好   B. 一般   C. 较差   D. 很差

9. 农业机械化程度_____
   A. 很好，基本实现机械化
   B. 一般，仅在播种、收割环节实现机械化
   C. 较差，基本靠人工种粮
   D. 很差，完全靠人

10. 家庭的年收入_____
    A. 2 000 元以下   B. 2 001～4 000 元   C. 4 001～6 000 元
    D. 6 001～8 000 元   E. 8 001～10 000 元   F. 10 001～12 000 元
    G. 12 001～14 000 元   H. 14 001～16 000 元   I. 16 001～18 000 元
    J. 18 001～20 000 元   K. 20 001～25 000 元   L. 25 001～30 000 元
    M. 30 001～40 000 元   N. 40 001～50 000 元   O. 50 001 元以上

11. 种粮收入比重_____
    A. 10% 以下   B. 11%～20%   C. 21%～30%   D. 31%～40%
    E. 41%～50%   F. 51%～60%   G. 61%～70%   H. 71%～80%
    I. 81%～90%   J. 91%～100%

12. 您是自己承包种地还是与别人合伙承包种地？_____
    A. 自己承包   B. 与别人合伙   共_____人合伙

13. 您是通过什么途径转包到土地的？_____
    A. 口头协议   B. 双方个人签订的书面协议
    C. 通过村集体签订协议

14. 您转包土地的费用是_____

A. 物质补偿，每年给对方部分粮食

B. 每年有一定现金补偿，每亩每年_____元

15. 在日常农业生产中，您农机拥有情况_____

A. 完全依靠自己的农机

B. 部分农机自给，另一部分向有关个人或组织租赁

C. 完全租赁

16. 您在农业生产中资金来源_____

A. 完全依靠自有资金

B. 部分自有资金，部分向有关机构或个人贷款

C. 部分自有，部分向亲戚朋友借

三、农户对三产融合感知情况

1. 您认为参与融合有风险吗？_____

   A. 非常小　　　B. 比较小　　　C. 不确定　　　D. 比较大

   E. 非常大

2. 您认为参与融合对收入提高有帮助吗？_____

   A. 非常小　　　B. 比较小　　　C. 不确定　　　D. 比较大

   E. 非常大

3. 您对农村一二三产业融合了解吗？_____

   A. 完全不了解　B. 不了解　　　C. 一般　　　　D. 比较了解

   E. 非常了解

4. 您认为农村三产融合对提高农产品价格有影响吗？_____

   A. 非常小　　　B. 比较小　　　C. 不确定　　　D. 比较大

   E. 非常大

四、农户对三产融合满意度情况

1. 您对三产融合中利益分配情况感到满意吗？_____

   A. 很不满意　　B. 不满意　　　C. 一般　　　　D. 比较满意

   E. 非常满意

2. 您对企业通过融合带动农户收益感到满意吗？_____

   A. 很不满意　　B. 不满意　　　C. 一般　　　　D. 比较满意

   E. 非常满意

3. 您对合作社通过融合带动农户收益感到满意吗？ _____
   A. 很不满意　　　B. 不满意　　　C. 一般　　　D. 比较满意
   E. 非常满意

4. 您对政府推动融合促进农户收益的政策感到满意吗？ _____
   A. 很不满意　　　B. 不满意　　　C. 一般　　　D. 比较满意
   E. 非常满意

附录3 国务院办公厅关于推进农村一二三产业融合发展的指导意见

国办发〔2015〕93号

各省、自治区、直辖市人民政府，国务院各部委、各直属机构：

推进农村一二三产业（以下简称农村产业）融合发展，是拓宽农民增收渠道、构建现代农业产业体系的重要举措，是加快转变农业发展方式、探索中国特色农业现代化道路的必然要求。经国务院同意，现提出如下意见：

一、总体要求

（一）指导思想。全面贯彻落实党的十八大和十八届二中、三中、四中、五中全会精神，按照党中央、国务院决策部署，坚持"四个全面"战略布局，牢固树立创新、协调、绿色、开放、共享的发展理念，主动适应经济发展新常态，用工业理念发展农业，以市场需求为导向，以完善利益联结机制为核心，以制度、技术和商业模式创新为动力，以新型城镇化为依托，推进农业供给侧结构性改革，着力构建农业与二三产业交叉融合的现代产业体系，形成城乡一体化的农村发展新格局，促进农业增效、农民增收和农村繁荣，为国民经济持续健康发展和全面建成小康社会提供重要支撑。

（二）基本原则。坚持和完善农村基本经营制度，严守耕地保护红线，提高农业综合生产能力，确保国家粮食安全。坚持因地制宜、分类指导，探索不同地区、不同产业融合模式。坚持尊重农民意愿，强化利益联结，保障农民获得合理的产业链增值收益。坚持市场导向，充分发挥市场配置资源的决定性作用，更好发挥政府作用，营造良好市场环境，加快培育市场主体。坚持改革创新，打破要素瓶颈制约和体制机制障碍，激发融合发展活力。坚持农业现代化与新型城镇化相衔接，与新农村建设协调推进，引导农村产业集聚发展。

（三）主要目标。到2020年，农村产业融合发展总体水平明显提升，产业链条完整、功能多样、业态丰富、利益联结紧密、产城融合更加协调的新格局基本形成，农业竞争力明显提高，农民收入持续增加，农村活力显著增强。

二、发展多类型农村产业融合方式

（四）着力推进新型城镇化。将农村产业融合发展与新型城镇化建设有机结合，引导农村二三产业向县城、重点乡镇及产业园区等集中。加强规划引导和市场开发，培育农产品加工、商贸物流等专业特色小城镇。强化产业支撑，实施差别化落户政策，努力实现城镇基本公共服务常住人口全覆盖，稳定吸纳农业转移人口。（发展改革委、农业部、商务部等负责）

（五）加快农业结构调整。以农牧结合、农林结合、循环发展为导向，调整优化农业种植养殖结构，加快发展绿色农业。建设现代饲草料产业体系，推广优质饲草料种植，促进粮食、经济作物、饲草料三元种植结构协调发展。大力发展种养结合循环农业，合理布局规模化养殖场。加强海洋牧场建设。积极发展林下经济，推进农林复合经营。推广适合精深加工、休闲采摘的作物新品种。加强农业标准体系建设，严格生产全过程管理。（农业部、林业局、科技部等负责）

（六）延伸农业产业链。发展农业生产性服务业，鼓励开展代耕代种代收、大田托管、统防统治、烘干储藏等市场化和专业化服务。完善农产品产地初加工补助政策，扩大实施区域和品种范围，初加工用电享受农用电政策。加强政策引导，支持农产品深加工发展，促进其向优势产区和关键物流节点集中，加快消化粮棉油库存。支持农村特色加工业发展。加快农产品冷链物流体系建设，支持优势产区产地批发市场建设，推进市场流通体系与储运加工布局有机衔接。在各省（区、市）年度建设用地指标中单列一定比例，专门用于新型农业经营主体进行农产品加工、仓储物流、产地批发市场等辅助设施建设。健全农产品产地营销体系，推广农超、农企等形式的产销对接，鼓励在城市社区设立鲜活农产品直销网点。（农业部、发展改革委、财政部、工业和信息化部、国土资源部、商务部、供销合作总社等负责）

（七）拓展农业多种功能。加强统筹规划，推进农业与旅游、教育、文化、健康养老等产业深度融合。积极发展多种形式的农家乐，提升管理水平和服务质量。建设一批具有历史、地域、民族特点的特色旅游村镇和乡村旅游示范村，有序发展新型乡村旅游休闲产品。鼓励有条件的地区发展智慧乡村游，提高在线营销能力。加强农村传统文化保护，合理开发农业文化遗产，大力推进农耕文化教育进校园，统筹利用现有资源建设农业教育和社会实践基地，引导公众特别是中小学生参与农业科普和农事体验。（农业部、旅游局、发展改革委、财政部、教育部、文化部、民政部、林业局等负责）

（八）大力发展农业新型业态。实施"互联网＋现代农业"行动，推进现代信息技术应用于农业生产、经营、管理和服务，鼓励对大田种植、畜禽养殖、渔业生产等进行物联网改造。采用大数据、云计算等技术，改进监测统计、分析预警、信息发布等手段，健全农业信息监测预警体系。大力发展农产品电子商务，完善配送及综合服务网络。推动科技、人文等元素融入农业，发展农田艺术景观、阳台农艺等创意农业。鼓励在大城市郊区发展工厂化、立体化等高科技农业，提高本地鲜活农产品供应保障能力。鼓励发展农业生产租赁业务，积极探索农产品个性化定制服务、会展农业、农业众筹等新型业态。（农业部、发展改革委、科技部、工业和信息化部、财政部、商务部、林业局等负责）

（九）引导产业集聚发展。加强农村产业融合发展与城乡规划、土地利用总体规划有效衔接，完善县域产业空间布局和功能定位。通过农村闲置宅基地整理、土地整治等新增的耕地和建设用地，优先用于农村产业融合发展。创建农业产业化示范基地和现代农业示范区，完善配套服务体系，形成农产品集散中心、物流配送中心和展销中心。扶持发展一乡（县）一业、一村一品，加快培育乡村手工艺品和农村土特产品品牌，推进农产品品牌建设。依托国家农业科技园区、农业科研院校和"星创天地"，培育农业科技创新应用企业集群。（发展改革委、农业部、国土资源部、科技部、工业和信息化部、教育部、财政部、商务部、工商总局等负责）

三、培育多元化农村产业融合主体

（十）强化农民合作社和家庭农场基础作用。鼓励农民合作社发展农产品加工、销售，拓展合作领域和服务内容。鼓励家庭农场开展农产品直销。引导大中专毕业生、新型职业农民、务工经商返乡人员领办农民合作社、兴办家庭农场、开展乡村旅游等经营活动。支持符合条件的农民合作社、家庭农场优先承担政府涉农项目，落实财政项目资金直接投向农民合作社、形成资产转交合作社成员持有和管护政策。开展农民合作社创新试点，引导发展农民合作社联合社。引导土地流向农民合作社和家庭农场。（农业部牵头负责）

（十一）支持龙头企业发挥引领示范作用。培育壮大农业产业化龙头企业和林业重点龙头企业，引导其重点发展农产品加工流通、电子商务和农业社会化服务,并通过直接投资、参股经营、签订长期合同等方式,建设标准化和规模化的原料生产基地,带动农户和农民合作社发展适度规模经营。龙头企业要优化要素资源配置,加强产业链建设和供应链管理,提高产品附加值。鼓励龙头企业建设现代物流体系,健全农产品营销网络。充分发挥农垦企业资金、技术、品牌和管理优势,培育具有国际竞争力的大型现代农业企业集团,推进垦地合作共建,示范带动农村产业融合发展。(农业部、林业局牵头负责)

(十二)发挥供销合作社综合服务优势。推动供销合作社与新型农业经营主体有效对接,培育大型农产品加工、流通企业。健全供销合作社经营网络,支持流通方式和业态创新,搭建全国性和区域性电子商务平台。拓展供销合作社经营领域,由主要从事流通服务向全程农业社会化服务延伸、向全方位城乡社区服务拓展,在农资供应、农产品流通、农村服务等重点领域和环节为农民提供便利实惠、安全优质的服务。(供销合作总社牵头负责)

(十三)积极发展行业协会和产业联盟。充分发挥行业协会自律、教育培训和品牌营销作用,开展标准制订、商业模式推介等工作。在质量检测、信用评估等领域,将适合行业协会承担的职能移交行业协会。鼓励龙头企业、农民合作社、涉农院校和科研院所成立产业联盟,支持联盟成员通过共同研发、科技成果产业化、融资拆借、共有品牌、统一营销等方式,实现信息互通、优势互补。(农业部牵头负责)

(十四)鼓励社会资本投入。优化农村市场环境,鼓励各类社会资本投向农业农村,发展适合企业化经营的现代种养业,利用农村"四荒"(荒山、荒沟、荒丘、荒滩)资源发展多种经营,开展农业环境治理、农田水利建设和生态修复。国家相关扶持政策对各类社会资本投资项目同等对待。对社会资本投资建设连片面积达到一定规模的高标准农田、生态公益林等,允许在符合土地管理法律法规和土地利用总体规划、依法办理建设用地审批手续、坚持节约集约用地的前提下,利用一定比例的土地开展观光和休闲度假旅游、加工流通等经营活动。能够商业化运营的农村服务业,要向社会资本全面开放。积极引导外商投资农村产业融合发展。(发展改革委、财政部、国土资源部、水利部、农业部、商务部、林业局、旅游局等负责)

四、建立多形式利益联结机制

(十五)创新发展订单农业。引导龙头企业在平等互利基础上,与农户、家庭农场、农民合作社签订农产品购销合同,合理确定收购价格,形成稳定购销关系。支持龙头企业为农户、家庭农场、农民合作社提供贷款担保,资助订单农户参加农业保险。鼓励农产品产销合作,建立技术开发、生产标准和质量追溯体系,设立共同营销基金,打造联合品牌,实现利益共享。(农业部、发展改革委、商务部、工商总局、银监会、保监会等负责)

(十六)鼓励发展股份合作。加快推进农村集体产权制度改革,将土地承包经营权确权登记颁证到户、集体经营性资产折股量化到户。地方人民政府可探索制订发布本行政区域内农用地基准地价,为农户土地入股或流转提供参考依据。以土地、林地为基础的各种形式合作,凡是享受财政投入或政策支持的承包经营者均应成为股东方,并采取"保底收益+按股分红"等形式,让农户分享加工、销售环节收益。探索形成以农户承包土地经营权入股的股份合作社、股份合作制企业利润分配机制,切实保障土地经营权入股部分的收益。(农业部、发展改革委、财政部、国土资源部、林业局等负责)

(十七)强化工商企业社会责任。鼓励从事农村产业融合发展的工商企业优先聘用流转出土地的农民,为其提供技能培训、就业岗位和社会保障。引导工商企业发挥自身优势,辐射带动农户扩大生产经营规模、提高管理水平。完善龙头企业认定监测制度,实行动态管理,逐步建立社会责任报告制度。强化龙头企业联农带农激励机制,国家相关扶持政策与利益联结机制相挂钩。(农业部、发展改革委、财政部等负责)

(十八)健全风险防范机制。稳定土地流转关系,推广实物计租货币结算、租金动态调整等计价方式。规范工商资本租赁农地行为,建立农户承包土地经营权流转分级备案制度。引导各地建立土地流转、订单农业等风险保障金制度,并探索与农业保险、担保相结合,提高风险防范能力。增强新型农业经营主体契约意识,鼓励制定适合农村特点的信用评级方法体系。制定和推行涉农合同示范文本,依法打击涉农合同欺诈违法行为。加强土地流转、订单等合同履约监督,建立健全纠纷调解仲裁体系,保护双方合法权益。(农业部、发展改革委、财政部、人民银行、工商总局等负责)

五、完善多渠道农村产业融合服务

(十九)搭建公共服务平台。以县(市、区)为基础,搭建农村综合性信息化服务平台,提供电子商务、乡村旅游、农业物联网、价格信息、公共营销等服务。优化农村创业孵化平台,建立在线技术支持体系,提供设计、创意、技术、市场、融资等定制化解决方案及其他创业服务。建设农村产权流转交易市场,引导其健康发展。采取政府购买、资助、奖励等形式,引导

科研机构、行业协会、龙头企业等提供公共服务。（农业部、发展改革委、科技部、工业和信息化部、商务部等负责）

（二十）创新农村金融服务。发展农村普惠金融，优化县域金融机构网点布局，推动农村基础金融服务全覆盖。综合运用奖励、补助、税收优惠等政策，鼓励金融机构与新型农业经营主体建立紧密合作关系，推广产业链金融模式，加大对农村产业融合发展的信贷支持。推进粮食生产规模经营主体营销贷款试点，稳妥有序开展农村承包土地的经营权、农民住房财产权抵押贷款试点。坚持社员制、封闭性、民主管理原则，发展新型农村合作金融，稳妥开展农民合作社内部资金互助试点。鼓励发展政府支持的"三农"融资担保和再担保机构，为农业经营主体提供担保服务。鼓励开展支持农村产业融合发展的融资租赁业务。积极推动涉农企业对接多层次资本市场，支持符合条件的涉农企业通过发行债券、资产证券化等方式融资。加强涉农信贷与保险合作，拓宽农业保险保单质押范围。（人民银行、财政部、银监会、证监会、保监会、农业部、发展改革委、税务总局等负责）

（二十一）强化人才和科技支撑。加快发展农村教育特别是职业教育，加大农村实用人才和新型职业农民培育力度。加大政策扶持力度，引导各类科技人员、大中专毕业生等到农村创业，实施鼓励农民工等人员返乡创业三年行动计划和现代青年农场主计划，开展百万乡村旅游创客行动。鼓励科研人员到农村合作社、农业企业任职兼职，完善知识产权入股、参与分红等激励机制。支持农业企业、科研机构等开展产业融合发展的科技创新，积极开发农产品加工贮藏、分级包装等新技术。（教育部、科技部、农业部、人力资源社会保障部、发展改革委、旅游局等负责）

（二十二）改善农业农村基础设施条件。统筹实施全国高标准农田建设总体规划，继续加强农村土地整治和农田水利基础设施建设，改造提升中低产田。加快完善农村水、电、路、通信等基础设施。加强农村环境整治和生态保护，建设持续健康和环境友好的新农村。统筹规划建设农村物流设施，逐步健全以县、乡、村三级物流节点为支撑的农村物流网络体系。完善休闲农业和乡村旅游道路、供电、供水、停车场、观景台、游客接待中心等配套设施。（发展改革委、财政部、国土资源部、水利部、交通运输部、工业和信息化部、农业部、商务部、旅游局、能源局等负责）

（二十三）支持贫困地区农村产业融合发展。支持贫困地区立足当地资源优势，发展特色种养业、农产品加工业和乡村旅游、电子商务等农村服务业，实施符合当地条件、适应市场需求的农村产业融合项目，推进精准扶贫、精准脱贫，相关扶持资金向贫困地区倾斜。鼓励经济发达地区与贫困地区开展农村产业融合发展合作，支持企事业单位、社会组织和个人投资贫困地区农村产业融合项目。（发展改革委、扶贫办、农业部、商务部、旅游局等负责）

六、健全农村产业融合推进机制

（二十四）加大财税支持力度。支持地方扩大农产品加工企业进项税额核定扣除试点行业范围，完善农产品初加工所得税优惠目录。落实小微企业税收扶持政策，积极支持"互联网＋现代农业"等新型业态和商业模式发展。统筹安排财政涉农资金，加大对农村产业融合投入，中央财政在现有资金渠道内安排一部分资金支持农村产业融合发展试点，中央预算内投资、农业综合开发资金等向农村产业融合发展项目倾斜。创新政府涉农资金使用和管理方式，研究通过政府和社会资本合作、设立基金、贷款贴息等方式，带动社会资本投向农村产业融合领域。（财政部、发展改革委、税务总局等负责）

（二十五）开展试点示范。围绕产业融合模式、主体培育、政策创新和投融资机制，开展农村产业融合发展试点示范，积极探索和总结成功的做法，形成可复制、可推广的经验，促进农村产业融合加快发展。（发展改革委、财政部、农业部、工业和信息化部、商务部、旅游局等负责）

（二十六）落实地方责任。地方各级人民政府要切实加强组织领导，把推进农村产业融合发展摆上重要议事日程，纳入经济社会发展总体规划和年度计划；要创新和完善乡村治理机制，加强分类指导，因地制宜探索融合发展模式。县级人民政府要强化主体责任，制定具体实施方案，引导资金、技术、人才等要素向农村产业融合集聚。（地方人民政府负责）

（二十七）强化部门协作。各有关部门要根据本意见精神，抓紧制定和完善相关规划、政策措施，密切协作配合，确保各项任务落实到位。发展改革委要会同有关部门对本意见落实情况进行跟踪分析和评估，每年将工作进展情况报告国务院。

附录4　河南省人民政府办公厅关于推进农村一二三产业融合发展的实施意见

豫政办〔2016〕202号

各省辖市、省直管县（市）人民政府，省人民政府有关部门：

为贯彻落实《国务院办公厅关于推进农村一二三产业融合发展的指导意见》（国办发〔2015〕93号）精神，加快发展我省现代农业，促进农民就业创业，实现持续增收，经省政府同意，现结合我省实际提出以下实施意见。

一、总体要求

（一）指导思想

深入贯彻党的十八大和十八届三中、四中、五中、六中全会以及习近平总书记系列重要讲话精神，坚持"创新、协调、绿色、开放、共享"发展理念，以保障国家粮食安全为前提，以"做强一产、做优二产、做大三产"为目标，以"四优四化"调优农业结构为主线，以促进农村产业间的交叉重构和融合渗透为核心，遵循经济规律，尊重农民意愿，注重市场导向和政策支持，注重深化改革和科技驱动，着力优化农村产业结构、经济结构、产品结构，着力推动农村产业链延伸、产业范围拓展、产业功能转型，着力发展农村发展新业态、新模式，走特色明显、产出高效、产品优质、资源节约、环境友好的农村一、二、三产业融合发展道路，为全面建成小康社会、加快中原崛起提供重要支撑。

（二）基本原则

坚持统筹兼顾，突出主导产业。在稳定提高粮食生产能力的基础上，突出农产品加工业的主导地位，推进农村一、二、三产业融合发展。

坚持因地制宜，分类指导。综合考虑产业基础、区位优势、市场条件、资源禀赋等因素，开发农业多种功能，探索农村一、二、三产业融合发展的新模式、新机制。

坚持市场导向，尊重农民意愿。在充分发挥市场机制作用的基础上，更好发挥政府作用，尊重农民意愿，强化利益联结，保护和调动农民的积极性。

坚持改革创新，拓展农业发展的广度、深度。打破要素瓶颈制约，激发融合发展活力，以新理念引领农业发展向广度、深度进军，引导农民致富增收。

（三）主要目标

到 2020 年，农村产业融合发展总体水平明显提升，产业链条完整、功能多样、业态丰富、利益联结紧密、产城融合更加协调的新格局基本形成，农业竞争力明显提高，农民收入持续增加，农村活力显著增强。

二、突出工作重点，加大推进农村产业融合发展的力度

（一）发展多类型农村产业融合方式，构建现代农业产业体系

1. 调整优化农业结构。加快调整种植业结构，以稳定粮食产能为前提，适应农业发展新趋势，建立粮食作物、经济作物、饲草作物三元结构。大力发展优质专用小麦生产，合理调整玉米生产结构，开展粮改饲试点，因地制宜发展青贮玉米、饲用玉米，推进种养结合；积极推进高效特色经济作物生产，发展花生、双低油菜、油用牡丹等特色油料作物，扩大标准化蔬菜、瓜果、食用菌等特色农产品生产，建设优势农产品产业带，生产优质、高效、绿色、安全农产品。大力发展林业产业，着力推进木本油料产业健康发展，充分利用林下土地资源和林荫优势，从事林下养殖、林下种植等立体复合生产经营，鼓励农民结合当地优势产业，发展林菌、林粮、林禽、林牧、林药、林菜、林草等多种模式的林下经济。做大做强现代畜牧水产养殖业，加快黄河滩区绿色畜牧业发展，推进标准化养殖小区建设，加快发展规模化、集约化、标准化畜禽养殖，增强畜牧业竞争力；大力发展水产健康养殖，合理利用水库渔业资源，科学规划网箱养鱼，发展水库生态渔业。（责任单位：省农业厅、林业厅、畜牧局、财政厅）

2. 大力发展农产品加工业。立足我省资源优势，按照扶优、扶大、扶强的原则，加快以食品工业为主的农产品加工业发展。坚持扶持培育和开放引进两个途径，支持具有比较优势的龙头企业，以资本运营和优势品牌为纽带，盘活资本存量，整合资源要素，开展跨区域、跨行业、跨所有制的联合与合作，组建大型现代企业集团。强力推进农产品精深加工项目建设，拉长产业链条，增强食品产业集聚功能，努力提升附加值，着力打造河南食品工业品牌，提高我省农产品在国内外市场的竞争力，努力实现由产粮大省向食品强省跨越。（责任单位：省工业和信息化委、发展改革委、农业厅）

3. 引导产业集聚集约发展。依托县城和重点镇，加强优势农产品基地建设，规划建设一批特色鲜明的农产品加工园区，形成龙头企业带动、各类经营主体功能互补的专业化、品牌化产业集聚体，推进优势产品向优势企业集中、优势企业向优势区域集聚。积极推进粮油深加工和主食产业化，加快粮食流通产业发展，实现粮油资源大省向粮油经济强省的转变。实施现代农业产业集群培育工程，依托农产品专业化、规模化生产区域，加快现代农业产业化集群的创新、提升、优化和拓展，着力打造一批"全链条、全循环、高质量、高效益"的农业产业化集群，形成资源共享、优势互补、特色突出、竞相发展的格局。（责任单位：省发展改革委、工业和信息化委、农业厅、林业厅、粮食局、畜牧局）

4. 延伸农业产业链。大力发展农业生产性服务业，鼓励开展代耕代种代收、大田托管、统防统治、烘干储藏等市场化和专业化服务。加快农产品冷链物流体系建设，推进市场流通体系与储运加工布局有机衔接。实施农产品产地初加工补助政策，加强初加工设施和装备建设，提升初加工水平。积极推进粮食加工减损增效，鼓励新型农业经营主体建设烘储设施。加强菜篮子产品和特色农产品产后商品化处理，改造升级贮藏、保鲜、烘干、分类分级、包装和运销等设施装备。鼓励农产品加工流通企业向前延伸建设基地带动农户，向后延伸建立物流和营销体系，在融合发展中带动农民创业、就业、增收。健全农产品产地营销体系，推进农超、农企等形式的产销对接，鼓励在城市社区设立鲜活农产品直销网点。（责任单位：省农业厅、工业和信息化委、林业厅、粮食局、畜牧局、供销社）

5. 实施都市生态农业发展工程。实施中心城市带动战略，在中原城市群城市建设1小时都市生态农业圈，重点发展会展农业、创意农业、设施农业等高效农业。坚持大中小城市相结合，建设以其他省辖市城区为中心、辐射周边县（市）的半小时都市生态农业圈，重点发展设施农业、休闲观光农业等。重点支持郑州、洛阳等在城市周边、城乡一体化示范区、产业集聚区周围等重点区域，规划布局一批都市生态农业园区，培育知名品牌，挖掘乡土文化，打造精品线路，启动建设融生产、生活、生态于一体的都市生态农业示范园区试点，到2020年，省级都市生态农业示范园区达30个以上。（责任单位：省农业厅、发展改革委）

（二）拓展农业多种功能，提升农民增收新空间

1. 大力发展休闲农业和乡村旅游。坚持分类推进、循序渐进，积极开发

农业多种功能，挖掘乡村生态休闲、旅游观光、文化教育价值，扶持建设一批具有历史、地域、民族特点的特色景观旅游村镇，打造形式多样、特色鲜明的乡村旅游休闲产品。依托得天独厚的山水旅游资源，发展休闲农业和乡村旅游。依托古村落、古民居和优秀传统文化，规划建设文化休闲度假旅游项目。依托气候、区位优势，发展苗木、花卉种植休闲观光园区，发展文化创意、观光旅游和休闲服务产业。依托各地戏曲、武术、杂技、魔术、歌舞、社火、器乐等丰富的非物质文化遗产，建设地域特色浓郁的乡村旅游娱乐项目。努力打造一批种养加、游购娱寓一体的现代农业观光、旅游和休闲项目，促进社会就业、增加财政和群众收入。（责任单位：省农业厅、文化厅、旅游局）

2. 加快构建农村现代商品市场体系。加快推进"互联网＋农业"发展，鼓励互联网企业建立农业服务平台，推广成熟可复制的农业物联网应用模式，发展精准化生产方式。大力实施农业物联网区域试验工程，加快推进设施园艺、畜禽水产养殖、质量安全追溯等领域物联网示范应用。实施电子商务进农村综合示范工程，搭建以公益性为主的农村流通电子商务公共服务平台，完善农村电子商务综合服务网络；实施农村淘宝千乡万村、农村京东千县燎原项目，引导各类农业经营主体与电商企业对接。完善农村商贸物流配送体系，加快农村商贸流通基础设施建设，规划建设县乡商品配送中心和乡镇商贸服务中心；加快农产品流通网络建设，构建以郑州市为中心、地区性中心城市为节点的农产品流通骨干网络，培育一批区域性大型农产品批发市场和公益性农产品批发市场，规划建设便利居民消费的鲜活农产品零售终端，鼓励农产品流通企业、加工企业与生产基地开展对接。（责任单位：省商务厅、农业厅、工业和信息化委、供销社）

（三）培育完善融合载体，充分发挥支撑引领作用

1. 强化农民合作社和家庭农场基础作用。鼓励农民合作社发展农产品加工、销售，拓展合作领域和服务内容，支持农民合作社开展"农社对接""农超对接"。大力发展规模适度的家庭农场，鼓励其开展农产品直销。引导大中专毕业生、新型职业农民、务工经商返乡人员领办农民合作社、兴办家庭农场、开展乡村旅游等经营活动。支持符合条件的农民合作社、家庭农场优先承担政府涉农项目，落实政府涉农项目资金直接投向农民合作社、形成资产转交合作社成员持有和管护政策。引导发展农民合作社联合社。深入开展农民合作社、家庭农场示范创建活动，分级建立名录，健全管理服务制度。

加强土地流转服务体系建设，完善县、乡、村三级管理服务网络，引导土地流向农民合作社和家庭农场。（责任单位：省农业厅、财政厅、工商局）

2. 支持龙头企业发挥引领示范作用。培育壮大农业产业化龙头企业，通过上项目、兼并、重组、改制、上市等方式，不断扩大企业规模，把现有的龙头企业做大做强；引进国内外知名企业，通过引进大资本、新技术、新理念，提高龙头企业整体实力。坚持"立足优势、突出特色、企业参与"的原则，支持龙头企业建立示范性生产基地，组织农民开展规模化、标准化农业生产。鼓励龙头企业通过订单生产、土地股份合作。

参考文献

[1] 柏拉图. 理想国 [M]. 郭斌, 张竹明, 译. 北京: 商务印书馆, 2020.

[2] 陈鹏. 农村宅基地退出驱动力及机制研究 [D]. 哈尔滨: 东北农业大学, 2019.

[3] 陈茁, 杜君. 中原儿女打造的"中国粮仓"-粮食生产核心区建设系列述评之二 [N]. 河南日报, 2013-09-13.

[4] 崔林. 荷兰如何创造出农业的奇迹 [J]. 北京农业, 2013 (10): 38-39.

[5] 第三次全国农业普查主要数据公告 [EB/OL], http://www.stats.gov.cn.

[6] 段培, 王礼力, 罗剑朝. 种植业技术密集环节外包的个体响应及影响因素研究 [J]. 中国农村经济, 2017 (8): 29-44.

[7] 方世敏, 王海艳. 基于系统论的农业与旅游产业融合: 一种粘性的观点 [J]. 经济地理, 2018, 38 (12): 211-218.

[8] 费瑞波, 郑晓奋. 中部地区一二三产业融合研究: 现状评判和路径选择 [J]. 江淮论坛, 2018 (21): 37-41.

[9] 郭军, 张效榕, 孔祥智. 农村一二三产业融合与农民增收——基于河南省的农村一二三产业融合案例 [J]. 农业经济问题, 2018 (11): 135-144.

[10] 河南省财政厅. 河南省支持新型经营主体发展的若干财政政策措施 [EB/OL]. http://www.henan.gov.cn.

[11] 河南省第三次全国农业普查主要数据公报 [EB/OL]. http://www.henan.gov.cn.

[12] 河南省农业农村厅, 河南省财政厅关于河南省省级现代农业产业园建设工作方案 (2019—2022 年) [EB/OL]. http://www.henan.gov.cn.

［13］河南省人民政府. 关于推进农村一二三产业融合发展的实施意见［EB/OL］. http：//www. henan. gov. cn.

［14］河南省人民政府. 关于支持返乡下乡人员创业创新促进农村一二三产业融合发展的实施意见［EB/OL］. http：//www. henan. gov. cn.

［15］河南省乡村振兴战略规划（2018 - 2022 年）［EB/OL］. http：//www. henan. gov. cn.

［16］河南省自然资源厅，河南省农业农村厅. 关于改进农业设施用地管理促进农业现代化发展的通知［EB/OL］. http：//www. henan. gov. cn.

［17］侯茂章，王思灵，廖婷婷. 农户对农村三产融合满意度及其影响因素研究——以湖南省典型农业特色小镇为例［J］. 湖北农业科学，2021（3）：87 - 91.

［18］华静，王玉斌. 我国农业产业化发展状况实证研究［J］. 经济问题探索，2015（4）：70 - 74.

［19］黄惠英，付海英，王莹，刘洋. 农户参与农村产业融合的意愿及影响因素研究［J］. 农业经济，2020（5）：114 - 115.

［20］黄晓懿，杨永忠，钟林. 循环经济理论视野下的中国制造业与文化创意产业融合模式研究［J］. 科技进步与对策，2016（6）：71 - 75.

［21］黄宗智. 华北小农经济与社会变迁［M］. 北京：中华书局，2000.

［22］简新华. 产业经济学［M］. 武汉：武汉大学出版社，2002.

［23］江泽林. 农村一二三产业融合发展再探索［J］. 农业经济问题，2021（6）：8 - 18.

［24］姜长云. 推进农村三次产业融合发展［N］. 经济日报，2015 - 04 - 11（008）.

［25］姜长云. 完善农村一二三产业融合发展的利益联结机制要拓宽视野［J］. 中国发展观察，2016（2）：42.

［26］姜卓筒，范静，黄靖玉. 农户参与农村产业融合的意愿及其影响因素——基于吉安市人参产业融合的调查分析［J］. 湖北农业大学学报，2018（12）：37 - 42.

［27］蒋高明. 食品安全警报为何屡屡升级［J］. 群言，2011（7）：24 - 30.

［28］焦必方，孙彬彬. 日本市町村的合并及其对现代化农村建设的影响［J］. 现代日本经济，2008（5）：40 - 46.

[29] 解安, 周英. 农村三产融合的学理分析 [J]. 学习与探索, 2017 (12): 155-161.

[30] 李刚, 李双元. 拓宽农业多功能推动农村三产融合 [J]. 安徽农业科学, 2018, 46 (24): 195-197, 227.

[31] 李国荣, 郭爽, 蓝建中. 国外家庭农场: 小农场, 大农业 [J]. 农村. 农业. 农民 (B版), (10): 32-34.

[32] 李姣媛, 覃诚, 方向明. 农村一二三产业融合: 农户参与及其增收效应研究 [J]. 江西财经大学学报, 2020 (5): 103-116.

[33] 李俊玲. 我国多功能农业发展研究——基于产业融合的研究 [J]. 农业经济问题, 2009 (3): 4-7.

[34] 李韬. 粮食补贴政策增强了农户种粮意愿吗?——基于农户的视角 [J]. 中央财经大学学报, 2014 (5): 86-94.

[35] 李玉梅. 河南省农村三产融合发展研究 [J]. 市场研究, 2018 (2): 16-18.

[36] 李云新, 戴紫芸, 丁士军. 农村一二三产业融合的农户增收效应研究——基于对345个农户调查的PSM分析 [J]. 华中农业大学学报, 2017 (7): 37-44.

[37] 梁瑞华. 我国农村产业融合发展的实践探索与推进建议 [J]. 中州学刊, 2018 (3): 51-55.

[38] 梁树广, 马中东. 农业产业融合的关联度、路径与效应分析 [J]. 经济体制改革, 2017 (6): 79-84.

[39] 梁伟军. 农村产业融合发展推进乡村振兴 [N]. 中国社会科学报, 2019-07-09.

[40] 梁伟军. 农业与相关产业融合发展研究 [D]. 武汉: 华中农业大学, 2010.

[41] 梁伟军. 我国现代农业发展的路径分析: 一个产业融合理论解释框架 [J]. 求实, 2010 (3): 69-73.

[42] 廖重斌. 环球与经济协调发展的定量评判及分类体系 [J]. 热带地理, 1999 (2): 171-177.

[43] 刘斐, 蔡洁, 李晓静, 夏显力. 农村一二三产业融合的个体响应及影响因素 [J]. 西北农林科技大学学报, 2019 (7): 142-149.

[44] 刘国斌, 李博. 农村一二三产业融合发展研究: 理论基础、现实

依据、作用机制及实现路径 [J]. 治理现代化研究, 2019 (4): 39-46.

[45] 刘松涛, 王毅鹏, 王林萍. 日本农业六次产业化对破解我国农村三产融合困境的启示 [J]. 农业经济, 2018 (4): 3-5.

[46] 刘威, 肖开红. 乡村振兴视域下农村三产融合模式演化路径——基于中鹤集团的案例 [J]. 农业经济与管理, 2019 (1): 5-14.

[47] 芦千文, 姜云长. 关于推进农村一二三产业融合发展的分析与思考——基于对湖北省宜昌市的调查 [J]. 江淮论坛, 2016 (1): 12-17.

[48] 吕静韦. 战略性新兴产业发展动力机制及创新模式研究 [D]. 天津: 河北工业大学, 2017.

[49] 吕岩威; 刘洋. 农村一二三产业融合发展: 实践模式、优劣比较与政策建议 [J]. 农村经济, 2017 (12): 11-14.

[50] 马克思恩格斯全集 (第23卷) [M]. 北京: 人民出版社, 1972.

[51] 马银戍, 许艺凡. 基于熵值法的休闲农业发展潜力指标体系构建与赋权——以河北省为例 [J]. 统计与管理, 2018 (9): 93-96.

[52] 彭超, 张效榕. 乡村产业振兴中的市场主体发展及启示 [J]. 农村经营管理, 2019 (8): 34-35.

[53] 恰亚诺夫. 农民经济组织 [M]. 萧正洪, 译. 北京: 中央编译出版社, 1996.

[54] 任志江, 任乐, 杨茹洁. 浅谈临河区龙头企业与农民利益联结机制 [J]. 现代农业, 2017 (3): 63-65.

[55] 施雪华. "服务型政府" 的基本涵义、理论基础和建构条件 [J]. 社会科学, 2010 (2): 3-11, 187.

[56] 舒尔茨. 改造传统农业 [M]. 梁小民, 译. 北京: 商务印书馆, 1994.

[57] 束放, 唐启义. 我国农药需求影响因子分析 [J]. 农药, 2010 (4): 30-33.

[58] 苏毅清, 游玉婷, 王志刚. 农村一二三产业融合发展: 理论探讨、现状分析与对策建议 [J]. 中国软科学, 2016 (8): 17-28.

[59] 孙会敏, 张晶, 于春荣. 一二三产业融合与农业绩效提升——基于Wind数据的实证分析 [J]. 中国农机化学报, 2018 (11): 100-107.

[60] 孙中杰, 周艳华. 小红枣成就大产业——好想你的品牌之路 [J]. 中国食品加工, 2019 (12): 51-54, 50.

[61] 谭明交. 农村一二三产业融合发展: 理论与实证研究 [D]. 武汉: 华中农业大学, 2016.

[62] 谭明交. 乡村振兴与中国农村三产融合发展 [J]. 江西财经大学学报, 2020 (7): 94-98.

[63] 谭新伟. 中国农村"三产融合"与日本"六次产业化"政策机制的比较研究 [D]. 保定: 河北大学, 2018.

[64] 田聪华, 韩笑等. 新疆农村一二三产业融合发展综合评价指标体系构建及应用 [J]. 新疆农业科学, 2019 (3): 580-588.

[65] 田泽浩. 农业产业化促进农民增收的机理分析 [J]. 中国林业经济, 2018 (4): 14-17.

[66] 王丽, 宋宝胜. 河南省农村三产融合发展水平测定及推进策略研究 [J]. 河南教育学院学报 (哲学社会科学版), 2021 (2): 63-69.

[67] 王铁军. 六次产业背后的国家战略意图 [J]. 农经, 2015 (6): 21-23.

[68] 王兴国. 推进农村一二三产业融合发展的思路与政策研究 [J]. 东岳论丛, 2016 (2): 30-37.

[69] 王艳想, 李帅, 酒江涛, 任梦雨, 樊祎, 苏金乐. 河南省传统村落空间分布特征及影响因素研究 [J]. 中国农业资源与区划, 2019 (2): 129-136.

[70] 王志刚, 江笛. 日本"第六产业"发展战略及其对中国的启示 [J]. 世界农业, 2011 (3): 80-83.

[71] 温铁军. 发展农业4.0版的现代化 [J]. 农村工作通讯, 2015 (12): 51.

[72] 吴广谋, 盛昭瀚. 企业组织结构决策与产业效应 [J]. 管理工程学报, 2002 (3): 18-21.

[73] 吴江. 感知控制及其对消费者行为影响研究综述 [J]. 消费导刊, 2010 (3): 14-15.

[74] 徐小阳, 马悦. 基于计划行为理论的农户土地入股意愿与行为研究 [J]. 经济论坛, 2021 (6): 87-91.

[75] 颜铭, 权琨. 基于人力资本理论的新型农民工继续教育体系构建 [J]. 农民发展, 2017 (21): 158-160.

[76] 杨光, 贾旭. 中小企业产业链联盟理论 [J]. 市场研究 (理论研

究），2012（3）：90-91．

[77] 杨涛．农村产业融合的实践特征与提升路径［J］．中州学刊，2019（5）：37-42．

[78] 杨艳丽．农村产业融合发展水平评价与驱动因素研究［D］．哈尔滨：东北农业大学，2020．

[79] 姚建仁．点击农药污染［J］．农药市场信息，2004（17）：12-14．

[80] 张康洁，蒋辉．传统农区三次产业融合发展水平研究——以山东省为例［J］．资源开发与市场，2017（3）：349-354．

[81] 张康洁，蒋辉．传统农区三次产业融合发展水平研究——以山东省为例［J］．资源开发与市场，2017（3）：349-354．

[82] 张熠，王先甲．湖北省农业现代化评价指标体系构建及评价研究［J］．数学的实践与认识，2016（3）：154-159

[83] 赵放，刘雨佳．农村三产融合发展的国际借鉴及对策［J］．经济纵横，2018（8）：122-128．

[84] 赵海．论农村一二三产业融合发展［J］．农村经营管理，2015（7）：26-29．

[85] 赵霞，姜利娜．荷兰发展现代化农业对中国促进一二三产业融合的启示［J］．世界农业，2016（11）：21-24．

[86] 郑风田．一二三产业融合应发挥好各级的主体作用［J］．中国合作经济，2016（12）：17-23．

[87] 郑明明，徐红．济南都市圈城镇化水平测度及空间差异分析［J］．鲁东大学学报（自然科学版），2016（1）：74-79．

[88] 郑伟．农民参与农家乐的意愿及影响因素研究——以林州市石板岩镇B村为例［D］．天津：天津农学院，2018．

[89] 植草益．信息通讯业的产业融合［J］．中国工业经济，2001（2）：24-27．

[90] 中共中央，国务院．关于深入推进农业供给侧结构性改革加快培育农业农村发展新动能的若干意见［EB/OL］．http://www.people.com.cn．

[91] 周芳，朱朝枝．农村三产融合的动态演进路径分析——基于扎根理论的研究方法［J］．福建论坛（人文社会科学版），2021（4）：92-103．

[92] 周振华．信息化与产业融合［M］．上海：上海人民出版社，2003：34-35．

［93］祝捷，黄佩佩，蔡雪雄. 法国、日本农村产业融合发展的启示与借鉴［J］. 亚太经济，2017（5）：110－114.

［94］宗锦耀. 农村一二三产业融合发展理论与实践［M］. 北京：中国农业出版社，2017.

［95］Australian Government National Office For the Information Economy Convergence report［EB/OL］. http：//www. noie. gov. au，2000.

［96］Bauer R A. Consumer behavior as risk taking：Dynamic marking for a changing world［C］. Proceedings of the 43th Conference of the American Marketing Association，1960：389－398.

［97］Chaniotakis I E. Innovative Agri-Food Value Chain Financing in Greece［M］. Food Security and Sustainability，Springer International Publishing，2017.

［98］Chesbrough H. Business model innovation：It's not just about technology anymore［J］. Strategy And Leadership，2007（6）：239－251.

［99］Davidsson P，Wiklund J. Level of analysis in entrepreneurship research：current research practice and suggestions for the future［J］. Entrepreneurship Theory and Practice，2001（25）：81－100.

［100］European Commission. Green Paper on the Convergence of the Telecommunications，Media and Information Technology Sectors［M］. Brussels：1997.

［101］González M. González L. The co-creation as a strategy to address IT governance in an organization［J］. RISTI-Revista Ibérica de Sistemas e Tecnologias deInformação，2015（14）：1－15.

［102］Greenstein S，Khanna T. What does Industry Convergence Mean?［A］. In：Yoffie，D（ed.）：Competing in the Age of Digital Convergence［C］. Boston，1997：201－226.

［103］Hacklin F，Battistini B，Von Krogh G. Strategic choices in converging industries［J］. MIT Sloan Management Review，2013（55）：65－73.

［104］Hacklin F. Management of convergence in innovation-Strategies and capabilities for value creation beyond blurringindustry boundaries［J］. Contributions To Management Science，2008（2）：365－382.

［105］Hacklin F，Marxt C，Fahrni F. An evolutionary perspective on convergence：inducing a stage model of inter-industry innovation. Int［J］. Technol Manage，2010（49）：220－249.

[106] Hegarty C, Przezborska L. Rural and agri-tourism as a tool for reorganisingrural areas in old and new member states-a comparison study of Ireland and Poland [J]. International Journal of Tourism Research, 2005 (2): 63 –77.

[107] Hjalager A M. Agricultural diversification into tourism: Evidence of a European Community development programme [J]. Tourism Management, 1996 (2): 103 –111.

[108] Kamien M I, Schwartz N I. Market structure and innovation: a survey [J]. Journal of Economic Literature, 1975 (1): 1 –37.

[109] Knutson R D, Cropp R A. Managing the Supply Chain Through Cooperatives and Contract Integration [J]. Natural Resource Management and Policy, 2013 (5): 103 –136.

[110] Lampel J, Shapira Z. Progress and its Discontents: Data Scarcity and the Limits of Falsification in Strategic Management [J]. Advances in Strategic Management, 2011 (12A): 113 –150.

[111] Lei D. Industry evolution and competence development: the imperatives of technological convergence [J]. International Journal of Technology Management, 2000 (7 –8): 699 –738.

[112] Murphy J V. Strategic Alliance: Business Model for Global Success [J]. Academy of Management Review, 1998 (23): 242 –266.

[113] Kline R B. Principles and Practice of Structural Equation Modeling [M]. New York: Guildford Press, 1998: 258 –356.

[114] Rosenberg N. Technological Change in The Machine Tool Industry: 1840 –1901 [J]. The Journal of Economic History, 1963 (23): 414 –446.

[115] Tchetchik A, Fleischer A, Finkelshtain I. Differentiation and Synergies in Rural Tourism: Estimation and Simulation of the Israeli Market [J]. American Journal of Agricultural Economics, 2008 (2): 553 –570.

[116] Grapentine T. Path Analysis vs. Structural Equation Modeling [J]. Marking Research, 2000 (3): 12 –20.

[117] Verdouw C N, Beulens A J M, Trienekens J, et al.. Process modelling in demand-driven supply chains: a reference model for the fruit industry [J]. Computers & Electronics in Agriculture, 2010 (2): 174 –187.

后　记

　　推动农村一二三产业融合发展，是党中央对新时代"三农"工作做出的重要决策部署，是实施乡村振兴战略、加快推进农业农村现代化的重要举措。河南省是农业大省，农村三产融合发展对河南省意义重大。作为河南人，我一直关注河南省农村三产融合情况，尤其是2018~2019年在做河南省政府决策办公室有关河南省农村三产融合项目时，多次进行田野调查，了解河南省各地市三产融合状况。在调研中，我对河南省农村三产融合有了更多思考，也想为河南农村三产融合更好发展尽自己微薄之力。于是，新冠肺炎疫情期间，根据近几年自己的观察和思考，我撰写了这本书，尽管在撰写书稿过程中研读了大量相关著作与文献，但远没有达到灵活运用的程度，书中还有很多不足。另外，由于新冠肺炎疫情等原因，对于河南省近一年的三产融合情况没有做到全面的实地调研，这一点令我深感歉意。

　　本书的出版得到了很多人的帮助。感谢我的学生们，他们牺牲假期时间参与调研，为研究提供了一手资料。感谢我的儿子，在我撰写书稿时为我分担家务，还帮我校对书稿。在书稿撰写过程中，本书参阅并引用了众多专家、学者的相关研究成果，在此一并表示真诚的感谢！

吴珍彩
2021年10月